저자 | 이영훈

STEP 3

초판인쇄	2023년 05월 01일

지은이	이영훈
감 수	Elizabeth Castro Sandoval
펴 낸 이	임승빈
편집책임	정유항, 김하진
편집진행	이승연
디 자 인	다원기획
마 케 팅	염경용, 이동민, 이서빈
펴 낸 곳	ECK북스
주 소	서울시 마포구 창전로2길 27 [04098]
대표전화	02-733-9950
홈페이지	www.eckbooks.kr
이 메 일	eck@eckedu.com
등록번호	제 2020-000303호
등록일자	2000. 2. 15
I S B N	979-11-6877-178-9
	978-89-92281-31-7 (세트)
정 가	19,000원

• Photograph Source
46p. ko.wikipedia.org   75p. artsandculture.google.com   122p. www.cope.es

* ECK북스는 (주)이씨케이교육의 도서출판 브랜드로, 외국어 교재를 전문으로 출판합니다.
* 이 책의 모든 내용, 디자인, 이미지 및 구성의 저작권은 ECK북스에 있습니다.
* 출판사와 저자의 사전 허가 없이 이 책의 일부 또는 전부를 복제, 전재, 발췌하면 법적 제재를 받을 수 있습니다.
* 잘못된 책은 구입하신 서점에서 교환해 드립니다.

지은이의 말

스페인어에 대한 관심이 나날이 높아지는 요즘, 서점에 가면 다양한 초급 스페인어 문법서를 쉽게 찾아볼 수 있습니다. 해가 거듭될수록 기본 문법 개념을 설명하는 서적은 많아지고 있지만 중고급 학습자를 위한 문법서는 거의 출간되지 않고 있어 항상 아쉬움을 가지고 있었습니다. 그래서 스페인어를 심도 있게 공부하는 학습자라면 꼭 알아야 할 부분들에 대해 도움을 주고자 이 책의 집필을 시작하게 되었습니다.

「The 바른 스페인어 Step 3」는 기본 문법을 모두 익힌 학습자를 위한 심화 문법서입니다. Step 1, 2에서 다루지 않았던 문법과 더불어 스페인어 학습자들이 헷갈리기 쉬운 문법을 중심으로 15개의 테마로 구성하였습니다. 다양한 동사의 시제가 존재하는 스페인어는 말하는 사람의 의도에 따라 각기 다른 뉘앙스를 전달할 수 있는 표현력이 높은 언어입니다. 본 교재를 통해 스페인어만이 가진 섬세하고 미묘한 표현 방법을 배울 수 있기를 기대합니다.

이 책을 출간하기까지 많은 분들의 도움이 있었습니다. 먼저, 스페인어를 처음 만나게 해주신 대일외고 김예영, Antonio 선생님, 스페인어를 그저 좋아하던 학생에서 스페인어 전문가로서의 길로 인도해 주신 한국외대 김준한, 유은정, 이만희 교수님, 끊임없이 고민하는 스페인어 교육자로 성장하게 해 주신 한국외대 송예림 교수님께 무한한 감사를 전합니다. 그리고 자연스러운 문장이 되도록 조언을 아끼지 않은 친구 Miguel과 흔쾌히 감수해 주신 Elizabeth 교수님께도 진심 어린 감사 인사를 드립니다. 끝으로 ECK 교육 관계자분들과 이승연 실장님께 고마움을 전합니다.

저자 이영훈

이 책의 구성과 특징

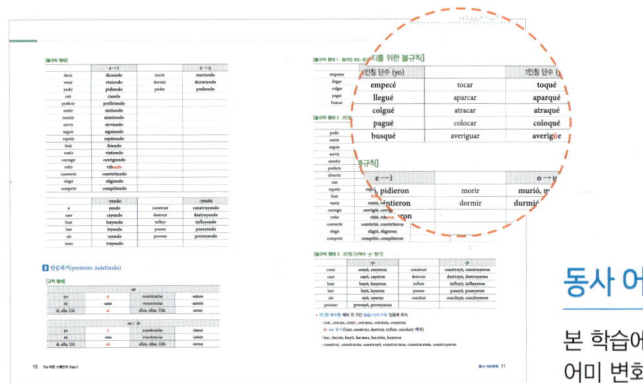

동사 어미변화

본 학습에 들어가기 전, 동사의 다양한 어미 변화를 복습해 봅니다.

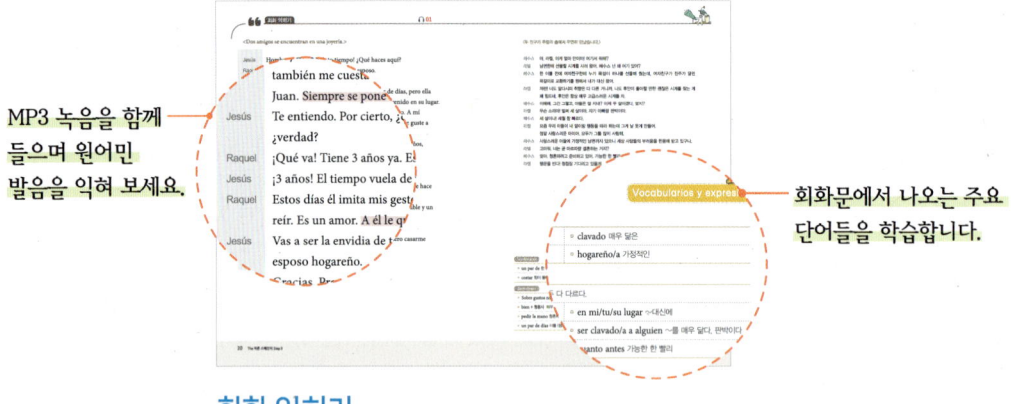

회화 익히기

주제별 대화문을 통해 자연스러운 문장과 핵심 표현을 학습합니다.
문법 익히기에서 학습하는 부분은 형광색으로 표기되어 있습니다.

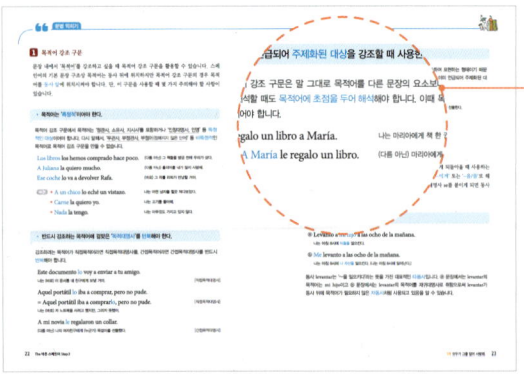

핵심 문법에 관한 설명과
다양한 예문을 보여줍니다.

문법 익히기

각 과별 회화문에 나오는 핵심 문법을 다양한 예문과 함께 알아봅니다.

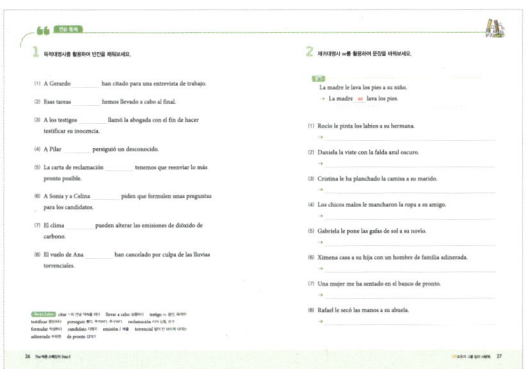

연습문제

각 과에서 제시된 문법 요소들이 종합적으로 담긴 연습문제를 풀어보며 학습을 마무리합니다.

스페인어권 문화 탐방

스페인과 라틴아메리카의 역사, 문화, 축제, 음식, 언어 등 다양하고 흥미로운 문화를 알아봅니다.

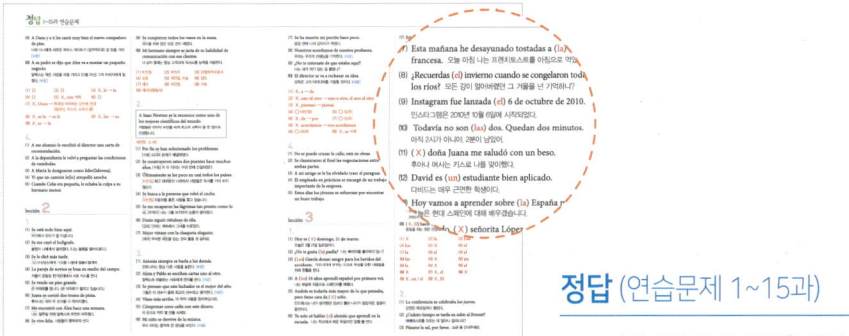

정답 (연습문제 1~15과)

1~15과의 연습문제 정답을 해석과 함께 알아봅니다.

MP3 다운로드 방법

본 교재의 MP3 파일은 www.eckbooks.kr에서 무료로 다운로드 받을 수 있습니다.
QR 코드를 찍으면 다운로드 페이지로 이동합니다.

Contents

지은이의 말 ··· 03
이 책의 구성과 특징 ··· 04
동사 어미변화 ··· 08

Lección 01 A él le quiere mucho todo el mundo. 모두가 그를 많이 사랑해. ············ 18
  • 목적어 강조 구문 • 재귀대명사 se의 해석상 특징 • leísmo 현상
  • 문화 탐방 : 15살 소녀의 생일파티, Quinceañera

Lección 02 Me arrepiento de no haber estudiado más.
  나는 더 많이 공부하지 않은 것을 후회해. ··· 32
  • 다양한 se의 용법 • 전치사 동반 재귀동사 • 항상 재귀의 se가 붙는 대명동사
  • 문화 탐방 : 중남미 특정 지역에서 나타나는 언어적 현상, Voseo

Lección 03 Está sonando un teléfono. 휴대폰 하나가 울리고 있네. ······················ 48
  • 무관사, 부정관사, 정관사의 구별
  • 문화 탐방 : 스페인만의 독특한 숙박 시스템, Parador

Lección 04 Iba a ir, pero no pude. 가려고 했지만, 그럴 수 없었어요. ····················· 62
  • 단순과거와 불완료과거의 차이 • 단순과거와 현재완료의 차이
  • 문화 탐방 : 스페인 역사상 가장 중요한 해, 1492년의 의미

Lección 05 El aire acondicionado ha sido dañado por un niño travieso.
  에어컨이 장난꾸러기 아이에 의해 망가졌어요. ·· 76
  • 스페인어의 수동 표현 비교
  • 문화 탐방 : 스페인의 복권 문화, 크리스마스 복권 El Gordo

Lección 06 Me habría gustado acompañarle. 그와 같이 갔다면 좋았을 텐데. ·········· 90
  • 가정미래시제(futuro hipotético)의 용법 • 단순미래시제와 가정미래시제의 차이
  • 미래완료와 가정미래완료
  • 문화 탐방 : 멕시코의 길거리 악단, Mariachi

Lección 07 Probablemente no haya nadie que pueda hacer una película como él.
  아마 그 사람처럼 영화를 만드는 사람은 아무도 없을 거야. ······················· 108
  • 접속법(modo subjuntivo)의 용법 • 독립절에서 쓰이는 접속법
  • 문화 탐방 : 세고비아의 새끼 돼지 통구이, Cochinillo

Lección 08 De haber leído antes los comentarios tan malos, nunca habría
  elegido este hotel.
  안 좋은 댓글들을 읽었더라면, 이 호텔을 절대 선택하지 않았을 거예요. ······ 124
  • 가정문의 형태 • 전치사를 활용한 가정문 • -ra형과 -se형의 차이 • como si 가정문의 특징
  • 문화 탐방 : 나양한 생물종의 집합소, 갈라파고스 제도

Lección 09 Esa es la razón por la cual te llamé anoche.
그게 내가 어젯밤 너에게 전화한 이유야. ·········· **138**
- 관계대명사 que와 quien · 관계대명사 el que(cual), lo que(cual), cuanto · 관계형용사 cuyo와 cuanto
- 문화 탐방 : 이중언어가 익숙한 스페인, 스페인의 지역 공용어

Lección 10 No te puedes imaginar lo mal que lo he pasado.
내가 얼마나 힘들게 시간을 보냈는지 년 상상도 못 할 거야. ·········· **156**
- 중성관사와 중성대명사 lo · 관계부사의 쓰임
- 문화 탐방 : 라틴아메리카에서의 K-콘텐츠 인기

Lección 11 Mañana hará tres meses que me echaron del trabajo.
내일이면 내가 해고당한 지 3개월째 되는 날이야. ·········· **170**
- hace+시간명사+que 구문 · 비인칭 구문 간 차이점
- 문화 탐방 : 스페인의 와인, 셰리와 카바

Lección 12 Pase lo que pase, estaremos a tu lado.
무슨 일이 있어도, 우리가 네 옆에 있을게. ·········· **184**
- 접속법과 직설법 (구정보와 신정보) · 관용적으로 쓰이는 접속법 부사절 · 절대최상급 -ísimo
- 문화 탐방 : 하늘을 뒤덮은 메뚜기 떼, 라틴아메리카의 환경문제

Lección 13 Investigando las huellas, seguro que podremos encontrar a los sospechosos.
발자국을 조사하면 용의자를 찾을 수 있을 거예요. ·········· **200**
- 분사 구문 · 의무를 나타내는 표현 간 특징
- 문화 탐방 : 이천 년의 역사, 세고비아의 로마 수도교 Acueducto

Lección 14 El chico ese no sabe nada de economía.
그 작자는 경제에 대해 아무것도 몰라. ·········· **216**
- 지시형용사의 후치 수식 · 위치에 따른 형용사의 특징 · 소유격 후치형의 특징
- 문화 탐방 : 아랍어 기원 스페인어 단어의 특징

Lección 15 Ninguno de los empleados se queja de eso.
직원들 중 그 누구도 불평하지 않고 있어요. ·········· **230**
- 부정사 관계구문 · 축소사와 증대사 · 전체의 부분 표현
- 문화 탐방 : 멕시코 테킬라 마을, Pueblo de Tequila

정답(연습문제 1~15과) ·········· **244**

Conjugaciones verbales
동사 어미변화

학습할 내용

1. 현재완료 (pretérito perfecto)
2. 현재분사 (gerundio)
3. 단순과거 (pretérito indefinido)
4. 불완료과거 (pretérito imperfecto)
5. 단순미래시제 (futuro simple)
6. 가정미래시제 (futuro hipotético)
7. 접속법 현재 (presente de subjuntivo)
8. 접속법 과거 (pretérito imperfecto de subjuntivo)

1 현재완료(pretérito perfecto) (haber + 과거분사)

yo	he	nosotros/as	hemos
tú	has	vosotros/as	habéis
él, ella, Ud.	ha	ellos, ellas, Uds.	han

[과거분사(participio pasado) 규칙 형태]

-ar	-ado
-er / -ir	-ido

[과거분사(participio pasado) 불규칙 형태]

	-to		-cho
abrir	**abierto**	hacer	**hecho**
escribir	**escrito**	decir	**dicho**
cubrir	**cubierto**	satisfacer	**satisfecho**
ver	**visto**		
romper	**roto**		
volver	**vuelto**		
morir	**muerto**		
suscribir	**suscrito**		
*freír	**frito(freído)**		
*elegir	**electo(elegido)**		
*bendecir (축복하다)	**bendito(bendecido)**		
*maldecir (저주하다)	**maldito(maldecido)**		
*proveer (제공하다)	**provisto(preoveído)**		

* freír, elegir, bendecir, maldecir, proveer, imprimir의 불규칙 형태는 주로 형용사적 용법일 때만 사용됨.

  pudrir (썩히다) – podrido / imprimir (인쇄하다) – impreso(imprimido)

	-ído		-ído
caer	**caído**	oír	**oído**
reír	**reído**	traer	**traído**
leer	**leído**	poseer	**poseído**

2 현재분사(gerundio)

[규칙 형태]

-ar	-ando	-er / -ir	-iendo

[불규칙 형태]

	e → i		o → u
decir	diciendo	morir	muriendo
venir	viniendo	dormir	durmiendo
pedir	pidiendo	poder	pudiendo
reír	riendo		
preferir	prefiriendo		
sentir	sintiendo		
mentir	mintiendo		
servir	sirviendo		
seguir	siguiendo		
repetir	repitiendo		
freír	friendo		
vestir	vistiendo		
corregir	corrigiendo		
reñir	riñendo		
convertir	convirtiendo		
elegir	eligiendo		
competir	compitiendo		

	-yendo		-yendo
ir	yendo	construir	construyendo
caer	cayendo	destruir	destruyendo
huir	huyendo	influir	influyendo
leer	leyendo	poseer	poseyendo
oír	oyendo	proveer	proveyendo
traer	trayendo		

3 단순과거(pretérito indefinido)

[규칙 형태]

-ar			
yo	-é	nosotros/as	-amos
tú	-aste	vosotros/as	-asteis
él, ella, Ud.	-ó	ellos, ellas, Uds.	-aron

-er / -ir			
yo	-í	nosotros/as	-imos
tú	-iste	vosotros/as	-isteis
él, ella, Ud.	-ió	ellos, ellas, Uds.	-ieron

[불규칙 형태 1 : 철자법 또는 음가 유지를 위한 불규칙]

	1인칭 단수 (yo)		1인칭 단수 (yo)
empezar	empecé	tocar	toqué
llegar	llegué	aparcar	aparqué
colgar	colgué	atracar	atraqué
pagar	pagué	colocar	coloqué
buscar	busqué	averiguar	averigüe

[불규칙 형태 2 : 3인칭 단/복수 불규칙]

	e → i		o → u
pedir	pidió, pidieron	morir	murió, murieron
sentir	sintió, sintieron	dormir	durmió, durmieron
seguir	siguió, siguieron		
servir	sirvió, sirvieron		
mentir	mintió, mintieron		
preferir	prefirió, prefirieron		
divertir	divirtió, divirtieron		
reír	rio, rieron		
repetir	repitió, repitieron		
freír	frio, frieron		
vestir	vistió, vistieron		
corregir	corrigió, corrigieron		
reñir	riñó, riñeron		
convertir	convirtió, convirtieron		
elegir	eligió, eligieron		
competir	compitió, compitieron		

[불규칙 형태 3 : 3인칭 단/복수 -y- 첨가]

	-y-		-y-
creer	creyó, creyeron	construir	construyó, construyeron
caer	cayó, cayeron	destruir	destruyó, destruyeron
huir	huyó, huyeron	influir	influyó, influyeron
leer	leyó, leyeron	poseer	poseyó, poseyeron
oír	oyó, oyeron	concluir	concluyó, concluyeron
proveer	proveyó, proveyeron		

∗ 3인칭 복수형 제외 전 구간 tilde (강세 부호) 있음에 유의.

- creí, creíste, creyó, creímos, creísteis, creyeron
  (∗-uir 동사(huir, construir, destruir, influir, concluir) 제외)
- huí, huiste, huyó, huimos, huisteis, huyeron
- construí, construiste, construyó, construimos, construisteis, construyeron

[불규칙 형태 4 : 완전 불규칙]

yo	-e	nosotros/as	-imos
tú	-iste	vosotros/as	-isteis
él, ella, Ud.	-o	ellos, ellas, Uds.	-ieron(-eron)

동사원형	불규칙 어근	
andar	**anduv-**	anduve, anduviste, anduvo, anduvimos, anduvisteis, anduvieron
estar	**estuv-**	estuve, estuviste, estuvo, estuvimos, estuvisteis, estuvieron
tener	**tuv-**	tuve, tuviste, tuvo, tuvimos, tuvisteis, tuvieron
caber	**cup-**	cupe, cupiste, cupo, cupimos, cupisteis, cupieron
haber	**hub-**	hube, hubiste, hubo, hubimos, hubisteis, hubieron
hacer	**hic-/hiz-**	hice, hiciste, hizo, hicimos, hicisteis, hicieron
poder	**pud-**	pude, pudiste, pudo, pudimos, pudisteis, pudieron
poner	**pus-**	puse, pusiste, puso, pusimos, pusisteis, pusieron
querer	**quis-**	quise, quisiste, quiso, quisimos, quisisteis, quisieron
saber	**sup-**	supe, supiste, supo, supimos, supisteis, supieron
venir	**vin-**	vine, viniste, vino, vinimos, vinisteis, vinieron
dar	**d-**	di, diste, dio, dimos, disteis, dieron
ver	**v-**	vi, viste, vio, vimos, visteis, vieron
ser/ir	**fu-**	fui, fuiste, fue, fuimos, fuisteis, fueron
decir	**dij-**	dije, dijiste, dijo, dijimos, dijisteis, dijeron
conducir	**conduj-**	conduje, condujiste, condujo, condujimos, condujisteis, condujeron
producir	**produj-**	produje, produjiste, produjo, produjimos, produjisteis, produjeron
traer	**traj-**	traje, trajiste, trajo, trajimos, trajisteis, trajeron

※ 완전 불규칙 형태는 모든 인칭 tilde(강세 부호) 없음.

4 불완료과거(pretérito imperfecto)

[규칙 형태]

-ar			
yo	-aba	nosotros/as	-ábamos
tú	-abas	vosotros/as	-abais
él, ella, Ud.	-aba	ellos, ellas, Uds.	-aban

-er / -ir			
yo	-ía	nosotros/as	-íamos
tú	-ías	vosotros/as	-íais
él, ella, Ud.	-ía	ellos, ellas, Uds.	-ían

[불규칙 형태]

동사원형	
ser	era, eras, era, éramos, erais, eran
ver	veía, veías, veía, veíamos, veíais, veían
ir	iba, ibas, iba, íbamos, ibais, iban

5 단순미래시제(futuro simple)

[규칙 형태]

yo	-é	nosotros/as	-emos
tú	-ás	vosotros/as	-éis
él, ella, Ud.	-á	ellos, ellas, Uds.	-án

* 동사원형에 어미 붙임.

[불규칙 형태]

	-dr-		-br-
poner	**pondr-**	haber	**habr-**
poder	**tendr-**	saber	**sabr-**
salir	**saldr-**		
valer	**valdr-**		
venir	**vendr-**		
tener	**tendr-**		

* querer : querr-
  decir : dir-
  hacer : har-

6 가정미래시제(futuro hipotético)

[규칙 형태]

yo	-ía	nosotros/as	-íamos
tú	-ías	vosotros/as	-íais
él, ella, Ud.	-ía	ellos, ellas, Uds.	-ían

* 동사원형에 어미 붙임.
* 불규칙동사 어미는 단순미래시제와 동일.

7 접속법 현재(presente de subjuntivo)

[규칙 형태] – 직설법 현재 1인칭 단수(yo) 어간 활용

-ar			
yo	-e	nosotros/as	-emos
tú	-es	vosotros/as	-éis
él, ella, Ud.	-e	ellos, ellas, Uds.	-en

-er / -ir			
yo	-a	nosotros/as	-amos
tú	-as	vosotros/as	-áis
él, ella, Ud.	-a	ellos, ellas, Uds.	-an

[불규칙 형태 1 : 철자법 또는 음가 유지를 위한 불규칙]

	1인칭 단수(yo)		1인칭 단수(yo)
empezar	emp**ie**ce	aparcar	aparque
llegar	llegue	atracar	atraque
pagar	pague	colocar	coloque
colgar	c**ue**lgue	averiguar	averigüe
buscar	busque	coger	coja
tocar	toque	corregir	corrija
sacar	saque	elegir	elija

* 어간변화동사는 1, 2인칭 복수에서 원래의 철자로 돌아옴.

　empiece, empieces, empiece, emp**e**cemos, emp**e**céis, empiecen
　cuelgue, cuelgues, cuelgue, c**o**lguemos, c**o**lguéis, cuelguen

[불규칙 형태 2 : 직설법 현재 1인칭 단수(yo) 불규칙]

	-go 불규칙		-zco 불규칙		-y- 불규칙
salir	salga	conocer	conozca	huir	huya
venir	venga	nacer	nazca	construir	construya
caer	caiga	conducir	conduzca	destruir	destruya
hacer	haga	padecer	padezca	influir	influya
poner	ponga	producir	produzca	concluir	concluya
tener	tenga	traducir	traduzca		
decir	diga	parecer	parezca		
seguir	siga				
oír	oiga				
traer	traiga				
valer	valga				

• salga, salgas, salga, salgamos, salgáis, salgan

- conozca, conozcas, conozca, conozcamos, conozcáis, conozcan
- huya, huyas, huya, huyamos, huyáis, huyan
* caber : quepa, quepas, quepa, quepamos, quepáis, quepan
* vencer : venza, venzas, venza, venzamos, venzáis, venzan

[불규칙 형태 3 : 어간변화형]

	e → i		e → ie		o/u → ue
pedir	pida	preferir	prefiera	dormir	duerma
*reír	ría	sentir	sienta	morir	muera
servir	sirva	mentir	mienta	poder	pueda
seguir	siga	convertir	convierta	contar	cuente
repetir	repita	adquirir	adquiera	costar	cueste
*freír	fría	divertir	divierta	doler	duela
vestir	vista	querer	quiera	encontrar	encuentre
reñir	riña	cerrar	cierre	llover	llueva
competir	compita	encender	encienda	mover	mueva
		entender	entienda	oler	huela
		pensar	piense	recordar	recuerde
		perder	pierda	sonar	suene
		calentar	caliente	soñar	sueñe
				volar	vuele
				volver	vuelva
				jugar	juegue

* reír : ría, rías, ría, riamos, riais, rían
* freír : fría, frías, fría, friamos, friais, frían

* (-ar/-er) 어간변화동사 : 1, 2인칭 복수에서 원래의 철자로 돌아옴.

  querer : quiera, quieras, quiera, queramos, queráis, quieran

* (-ir) 어간변화동사 : 1, 2인칭 복수에서 e → i / o → u

  sentir : sienta, sientas, sienta, sintamos, sintáis, sientan
  dormir : duerma, duermas, duerma, durmamos, durmáis, duerman

[불규칙 형태 4 : 완전 불규칙]

dar	dé, des, dé, demos, deis, den
estar	esté, estés, esté, estemos, estéis, estén
haber	haya, hayas, haya, hayamos, hayáis, hayan
ir	vaya, vayas, vaya, vayamos, vayáis, vayan
saber	sepa, sepas, sepa, sepamos, sepáis, sepan
ser	sea, seas, sea, seamos, seáis, sean
ver	vea, veas, vea, veamos, veáis, vean

8 접속법 과거(pretérito imperfecto de subjuntivo)

[규칙 형태] – 직설법 단순과거 3인칭 복수(ellos, ellas, Uds.) 어간 활용

-ar			
yo	-ara(-ase)	nosotros/as	-áramos(-ásemos)
tú	-aras(-ases)	vosotros/as	-arais(-aseis)
él, ella, Ud.	-ara(-ase)	ellos, ellas, Uds.	-aran(-asen)

-er / -ir			
yo	-iera(-iese)	nosotros/as	-iéramos(-iésemos)
tú	-ieras(-ieses)	vosotros/as	-ierais(-ieseis)
él, ella, Ud.	-iera(-iese)	ellos, ellas, Uds.	-ieran(-iesen)

[불규칙 형태 1 : 3인칭 단/복수 불규칙]

	e → i		o → u
pedir	pidiera	morir	muriera
sentir	sintiera	dormir	durmiera
seguir	siguiera		
servir	sirviera		
mentir	mintiera		
preferir	prefiriera		
divertir	divirtiera		
reír	riera		
repetir	repitiera		
freír	friera		
vestir	vistiera		
corregir	corrigiera		
reñir	riñera		
convertir	convirtiera		
elegir	eligiera		
competir	compitiera		

[불규칙 형태 2 : 3인칭 단/복수 -y- 첨가]

	-y-		-y-
creer	**creyera**	construir	**construyera**
caer	**cayera**	destruir	**destruyera**
huir	**huyera**	influir	**influyera**
leer	**leyera**	poseer	**poseyera**
oír	**oyera**	concluir	**concluyera**
proveer	**proveyera**		

[불규칙 형태 3 : 완전 불규칙]

	완전 불규칙		완전 불규칙
andar	**anduviera**	saber	**supiera**
estar	**estuviera**	venir	**viniera**
tener	**tuviera**	dar	**diera**
caber	**cupiera**	ver	**viera**
haber	**hubiera**	ser/ir	**fuera**
hacer	**hiciera**	decir	**dijera**
poder	**pudiera**	conducir	**condujera**
poner	**pusiera**	producir	**produjera**
querer	**quisiera**	traer	**trajera**

Lección 1

A él le quiere mucho todo el mundo.

모두가 그를 많이 사랑해.

 학습할 내용

1. 목적어 강조 구문
2. 재귀대명사 se의 해석상 특징
3. leísmo 현상

그라나다 알람브라 궁전 La Alhambra

<Dos amigos se encuentran en una joyería.>

Jesús	Hombre, Raquel, ¡cuánto tiempo! ¿Qué haces aquí?
Raquel	Vengo a comprar un reloj para mi esposo. Y tú, Jesús, ¿por qué estás aquí?
Jesús	Le regalaron a mi novia un collar hace un par de días, pero ella quiere cambiarlo por uno con perlas así que he venido en su lugar.
Raquel	¡Vaya! Ya sabes que sobre gustos no hay nada escrito. A mí también me cuesta bastante elegir un buen reloj que le guste a Juan. Siempre se pone uno bien elegante.
Jesús	Te entiendo. Por cierto, ¿qué tal tu hijo? Ahora tiene 2 años, ¿verdad?
Raquel	¡Qué va! Tiene 3 años ya. Es clavado a su padre.
Jesús	¡3 años! El tiempo vuela de verdad.
Raquel	Estos días él imita mis gestos y palabras, y eso siempre me hace reír. Es un amor. A él le quiere mucho todo el mundo.
Jesús	Vas a ser la envidia de todo el mundo con un hijo adorable y un esposo hogareño.
Raquel	Gracias. Pronto vas a casarte con Marta, ¿no?
Jesús	Exacto. Estoy planeando la pedida de mano. Quiero casarme cuanto antes.
Raquel	¡Suerte! Espero la invitación de tu boda.

〈두 친구가 주얼리 숍에서 우연히 만났습니다.〉

헤수스   야, 라켈, 이게 얼마 만이야! 여기서 뭐해?
라켈   남편한테 선물할 시계를 사러 왔어. 헤수스 넌 왜 여기 있어?
헤수스   한 이틀 전에 여자친구한테 누가 목걸이 하나를 선물해 줬는데, 여자친구가 진주가 달린 목걸이로 교환하기를 원해서 내가 대신 왔어.
라켈   저런! 너도 알다시피 취향은 다 다른 거니까. 나도 후안이 좋아할 만한 괜찮은 시계를 찾는 게 꽤 힘드네. 후안은 항상 매우 고급스러운 시계를 차.
헤수스   이해해. 그건 그렇고, 아들은 잘 지내? 이제 두 살이겠다, 맞지?
라켈   무슨 소리야! 벌써 세 살이야. 자기 아빠랑 판박이야.
헤수스   세 살이나! 세월 참 빠르다.
라켈   요즘 우리 아들이 내 말이랑 행동을 따라 하는데 그게 날 웃게 만들어.
정말 사랑스러운 아이야. 모두가 그를 많이 사랑해.
헤수스   사랑스러운 아들에 가정적인 남편까지 있으니 세상 사람들의 부러움을 한몸에 받고 있구나.
라켈   고마워. 너는 곧 마르따랑 결혼하는 거지?
헤수스   맞아. 청혼하려고 준비하고 있어. 가능한 한 빨리 결혼하고 싶어.
라켈   행운을 빈다! 청첩장 기다리고 있을게.

Vocabularios y expresiones

· Vocabularios ·

un par de 한 쌍의	clavado 매우 닮은
costar 힘이 들다, 비용이 들다	hogareño/a 가정적인

· Expresiones ·

Sobre gustos no hay nada escrito. 취향은 모두 다 다르다.	
bien + 형용사 매우 ~한	en mi/tu/su lugar ~대신에
pedir la mano 청혼하다	ser clavado/a a alguien ~를 매우 닮다, 판박이다
un par de días 이틀 (정도)	cuanto antes 가능한 한 빨리

문법 익히기

1 목적어 강조 구문

문장 내에서 '목적어'를 강조하고 싶을 때 목적어 강조 구문을 활용할 수 있습니다. 스페인어의 기본 문장 구조상 목적어는 동사 뒤에 위치하지만 목적어 강조 구문의 경우 목적어를 동사 앞에 위치시켜야 합니다. 단, 이 구문을 사용할 때 몇 가지 주의해야 할 사항이 있습니다.

• 목적어는 '특정적'이어야 한다.

목적어 강조 구문에서 목적어는 '정관사, 소유사, 지시사'를 포함하거나 '인칭대명사, 인명' 등 특정적인 대상이어야 합니다. 다시 말해서, '무관사, 부정관사, 부정어(정해지지 않은 단어)' 등 비특정적인 목적어로 목적어 강조 구문을 만들 수 없습니다.

Los libros los hemos comprado hace poco.	(다름 아닌) 그 책들을 방금 전에 우리가 샀다.
A Juliana la quiero mucho.	(다름 아닌) 훌리아를 내가 많이 사랑해.
Ese coche lo va a devolver Rafa.	(바로) 그 차를 라파가 반납할 거야.

[비문]
* A un chico lo eché un vistazo. — 나는 어떤 남자를 힐끗 쳐다보았다.
* Carne la quiero yo. — 나는 고기를 좋아해.
* Nada la tengo. — 나는 아무것도 가지고 있지 않다.

• 반드시 강조하는 목적어에 걸맞은 '목적대명사'를 반복해야 한다.

강조하려는 목적어가 직접목적어라면 직접목적대명사를, 간접목적어라면 간접목적대명사를 반드시 반복해야 합니다.

Este documento lo voy a enviar a tu amigo.
나는 (바로) 이 문서를 네 친구에게 보낼 거야. [직접목적대명사]

Aquel portátil lo iba a comprar, pero no pude.
= Aquel portátil iba a comprarlo, pero no pude. [직접목적대명사]
나는 (바로) 저 노트북을 사려고 했지만, 그러지 못했어.

A mi novia le regalaron un collar.
(다름 아닌) 나의 여자친구에게 (누군가) 목걸이를 선물했다. [간접목적대명사]

- 이미 언급되어 주제화된 대상을 강조할 때 사용한다.

목적어 강조 구문은 말 그대로 목적어를 다른 문장의 요소보다 강조하여 표현하는 형태이기 때문에 해석할 때도 목적어에 초점을 두어 해석해야 합니다. 이때 목적어는 이미 언급되어 주제화된 대상이어야 합니다.

Regalo un libro a María. 나는 마리아에게 책 한 권을 선물한다.
→ A María le regalo un libro. (다름 아닌) 마리아에게 나는 책 한 권을 선물한다.

2 재귀대명사 se의 해석상 특징

주어가 자기 자신을 목적어로 취하고 행위의 결과가 자기 자신에게 되돌아올 때 사용하는 대명사가 재귀대명사 se입니다. 재귀대명사 se는 문장에 따라 '~에게' 또는 '~을/를'로 해석됩니다. 기본적으로 목적어를 필요로 하는 타동사에 재귀대명사 se를 붙이게 되면 동사는 자동사 화(化) 됩니다.

- '~을/를'로 해석되는 재귀대명사 se

ⓐ Levanto a mi hijo a las ocho de la mañana.
  나는 아침 8시에 아들을 일으킨다.

ⓑ Me levanto a las ocho de la mañana.
  나는 아침 8시에 나 자신을 일으킨다. (나는 아침 8시에 일어난다.)

동사 levantar는 '~을 일으키다'라는 뜻을 가진 대표적인 타동사입니다. ⓐ 문장에서는 levantar의 목적어는 mi hijo이고 ⓑ 문장에서는 levantar의 목적어를 재귀대명사로 취함으로써 levantar가 동사 뒤에 목적어가 필요하지 않은 자동사처럼 사용되고 있음을 알 수 있습니다.

문법 익히기

• '~에게'로 해석되는 재귀대명사 se

ⓐ Le lavo las manos al bebé. 나는 아기에게 그의 손을 씻긴다. (나는 그 아기의 손을 씻긴다.)
ⓑ Me lavo las manos. 나는 나 자신에게 나의 손을 씻긴다. (나는 내 손을 씻는다.)

동사 lavar는 '~에게 ~을 씻기다'라는 뜻을 가진 목적어를 2개 취할 수 있는 타동사입니다. 간접목적어와 직접목적어를 한 번에 모두 취하는 문장 구조에서 재귀대명사 se를 취할 경우, se는 간접목적어(~에게)처럼 해석이 됩니다. 또한, 타동사이기 때문에 바로 뒤에 직접목적어(~을/를)를 표기해야 합니다.

• vestirse와 ponerse의 차이

ⓐ Marta se viste con la blusa azul.
   마르따는 자기 자신을 파란색 블라우스로 입힌다. (마르따는 파란색 블라우스를 입는다.)

ⓑ Marta se pone la blusa azul.
   마르따는 자기 자신에게 파란색 블라우스를 입힌다. (마르따는 파란색 블라우스를 입는다.)

동사 vestir는 '~을 입히다'라는 뜻으로 목적어를 하나만 취할 수 있는 타동사입니다. 반면 동사 poner는 '~에게 ~을 입히다'로 해석되는 목적어를 2개 취할 수 있는 타동사입니다. 동사 vestir에 재귀대명사 se를 붙였을 때 se는 직접목적어(~을/를)처럼 해석되지만, 동사 poner에 재귀대명사 se를 붙였을 때 se는 간접목적어(~에게)처럼 해석이 됩니다.

ⓐ 문장의 경우, 동사 vestir의 목적어를 재귀대명사로 이미 취했기 때문에 뒤에 또 다른 목적어를 취할 수 없습니다. 그래서 뒤에 구체적인 의류가 나온다면 반드시 전치사(주로 con)를 사용해 주어야 합니다. 반면 ⓑ 문장의 경우, 재귀대명사 se는 간접목적어(~에게)처럼 해석되고 'la blusa azul'은 직접목적어(~을/를)의 역할을 하고 있습니다. 따라서 ⓑ의 문장에서는 ⓐ 문장처럼 전치사를 넣게 된다면 오히려 비문이 됩니다.

비문 * Marta se viste la blusa azul.
         * Marta se pone con la blusa azul.

> vestirse con/de + 의류
> ponerse + 의류, 신체 착용하는 것

Tip 목적어를 2개 취할 수 있는 동사 (목적어 1개도 가능)
lavar, limpiar, manchar, poner, pintar, planchar, etc.

> **¡OJO!**
>
> ponerse는 의류 뿐만 아니라 목걸이, 반지, 모자 등 신체에 착용하는 것을 목적어로 모두 취할 수 있지만, vestirse는 전치사 뒤에 의류만 사용할 수 있습니다.

3 Leísmo 현상

라틴아메리카보다 주로 스페인에서 나타나는 현상으로 직접목적대명사(lo(s), la(s))를 사용해야 하는 상황에서 간접목적대명사의 형태인 le(s)를 사용하는 현상을 일컫는 용어입니다. 이 현상은 스페인 전역에서 매우 빈번하게 보이지만 스페인 왕립 학술원(RAE)에서는 목적어가 '남성이면서 사람이면서 단수인 경우' lo를 le로 바꾸어 사용하는 것을 권장하고 있습니다.

Le quiero muchísimo. = Lo quiero muchísimo.	나는 그를 매우 사랑해.
Le he visto hace un rato. = Lo he visto hace un rato.	나는 방금 전에 그를 보았다.
Lo siento, no le conozco. = Lo siento, no lo conozco.	미안해, 나는 그를 몰라.

> **¡OJO!**
>
> 목적어가 남성, 사람, 단수가 아니라도 문법적으로 올바른 구문도 존재합니다.
>
> Encantado de conocerles.   (당신들을) 만나서 반갑습니다. (알게 되어 기쁩니다.)
> = Mucho gusto en conocerles.
> = Me alegro de conocerles.
>
> 위의 경우 le(s)의 다양한 쓰임 중 Cortesía(예의)를 나타내고 있기 때문에 문법적으로 올바른 문장입니다. 처음 보는 사람들에게 예의를 갖추어야 할 때 le(s)의 형태를 활용하여 정중함을 나타낼 수 있습니다.

• Vocabularios   manchar 더럽히다   pintar 칠하다, 화장하다   planchar 다림질하다

연습 문제

1 목적대명사를 활용하여 빈칸을 채워보세요.

(1) A Gerardo _____ han citado para una entrevista de trabajo.

(2) Esas tareas _____ hemos llevado a cabo al final.

(3) A los testigos _____ llamó la abogada con el fin de hacer testificar su inocencia.

(4) A Pilar _____ persiguió un desconocido.

(5) La carta de reclamación _____ tenemos que reenviar lo más pronto posible.

(6) A Sonia y a Celina _____ piden que formulen unas preguntas para los candidatos.

(7) El clima _____ pueden alterar las emisiones de dióxido de carbono.

(8) El vuelo de Ana _____ han cancelado por culpa de las lluvias torrenciales.

• Vocabularios citar ~와 만날 약속을 하다   llevar a cabo 실행하다   testigo *m.* 증인, 목격자
testificar 증언하다   perseguir 쫓다, 추격하다, 추구하다   reclamación 이의 신청, 요구
formular 작성하다   candidato 지원자   emisión *f.* 배출   torrencial 앞이 안 보이게 내리는
adinerado 부유한   de pronto 갑자기

2 재귀대명사 se를 활용하여 문장을 바꿔보세요.

보기

La madre le lava los pies a su niño.
→ La madre _se_ lava los pies.

(1) Rocío le pinta los labios a su hermana.
→ _____

(2) Daniela la viste con la falda azul oscuro.
→ _____

(3) Cristina le ha planchado la camisa a su marido.
→ _____

(4) Los chicos malos le mancharon la ropa a su amigo.
→ _____

(5) Gabriela le pone las gafas de sol a su novio.
→ _____

(6) Ximena casa a su hija con un hombre de familia adinerada.
→ _____

(7) Una mujer me ha sentado en el banco de pronto.
→ _____

(8) Rafael le secó las manos a su abuela.
→ _____

연습 문제

3 문법적으로 올바른 문장은 ○, 틀리거나 어색한 문장은 X 표시 후 바르게 고쳐보세요.

(1) A ese chico le estaba buscando desde hace mucho tiempo.　(　)

(2) A la chica que me mencionaste ayer le impuse una multa.　(　)

(3) A Carmen le queremos todos.　(　)

(4) A Picasso se le considera como uno de los artistas más famosos del siglo XX.　(　)

(5) Siempre me pongo con los pendientes que me has regalado.　(　)

(6) Cecilia se limpia los dientes en cuanto come algo dulce.　(　)

(7) Unos bolis los compré de camino a casa.　(　)

(8) Este escritor se le homenajeó por su talento ingenioso.　(　)

(9) A Dana y a ti les caerá muy bien el nuevo compañero de piso.　(　)

(10) A su padre se dijo que Alex va a montar un pequeño negocio.　(　)

・Vocabularios・ imponer una multa 벌금을 물리다　pendiente *m.* 귀걸이
homenajear 존경을 표하다, 경의를 표하다　montar un negocio 사업을 시작하다

4 제시된 문장을 작문해 보세요.

(1) (다름 아닌) 그 학생에게 교장선생님이 추천서를 써 주셨어. (director)

→ _____

(2) 나는 (다름 아닌) 그 여자 점원에게 환불 규정에 대해 되물었다. (las condiciones de reembolso)

→ _____

(3) 사람들이 (다름 아닌) 마리아를 리더로 지목했다. (designar)

→ _____

(4) 나는 어젯밤 트럭 한 대가 그를 치는 것을 목격했다. (atropellar)

→ _____

(5) 셀리아는 어렸을 때 그의 남동생에게 잘못을 전가하곤 했다. (echarle la culpa)

→ _____

15살 소녀의 생일파티, Quinceañera

멕시코, 과테말라 등지의 라틴아메리카에서는 15살 소녀의 성대한 생일파티를 '낀세아녜라 Quinceañera'라고 부릅니다. 우리나라의 성인식과 비슷한 개념으로 성인으로서 삶의 시작을 앞둔 소녀를 축하하고 응원하는 마음으로 파티가 진행됩니다. 작은 소녀에서 숙녀로 거듭나는 파티이며 파티의 주인공은 화려한 드레스를 입고 아버지와 함께 왈츠를 추는 전통이 있습니다.

보통 연회장을 빌려 가족, 친척, 친구들과 함께 파티를 즐기며 파티의 규모는 개개인의 경제적 사정에 따라서 달라집니다. 이 때문에 필연적으로 빈부격차를 드러낸다는 일각의 비판이 지속적으로 제기되고 있지만 파티의 스케일은 해가 거듭될수록 더 커지고 있습니다.

전통적으로 이 파티의 목적은 가족의 중요성과 가톨릭의 종교적 가치를 심어주는 역할이었지만, 시간이 지나면서 가족 및 친구들과 함께 성대한 생일파티를 즐기는 유희적인 목적이 주를 이루게 되었습니다. 15살 생일을 맞이한 소녀는 애니메이션 속 공주님이 입을 법한 드레스를 입고 파티가 시작되기 전 야외에서 스냅 촬영을 하기도 합니다. 연회장에서 성인들은 술과 함께 춤을 추며 파티를 즐기고 그간의 회포를 풀거나 시시콜콜한 이야기를 주고받으며 가족의 사랑을 확인하는 시간을 갖습니다.

　Quinceañera는 라틴아메리카뿐만 아니라 미국 내 히스패닉 커뮤니티(스페인어권 국가 출신 이주자 및 후손들의 모임)에서도 빈번하게 볼 수 있습니다. 최근에는 히스패닉 사회에서 30살의 생일을 축하하는 '더블 낀세Double quince'까지 개최하는 등 다양한 형태의 파티로 발전되고 있습니다.

Lección 2

Me arrepiento de no haber estudiado más.

나는 더 많이 공부하지 않은 것을 후회해.

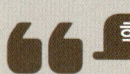 학습할 내용

1. 다양한 se의 용법
2. 전치사 동반 재귀동사
3. 항상 재귀의 se가 붙는 대명동사

바르셀로나 사그라다 파밀리아 La Sagrada Familia

회화 익히기

<Dos amigos están charlando en una calle.>

Álvaro	Oye, Marta, ¿sabes de algún dentista bueno por aquí cerca? Es que el doctor González va a **jubilarse** pronto.
Marta	¿Pero te pasa algo?
Álvaro	Pues nada. Quiero **hacerme un empaste** en una muela.
Marta	Ummm… conozco a una dentista buena, pero la consulta queda un poco lejos de aquí.
Álvaro	Pero si al menos es de confianza… Y además, **me he comprado** un coche nuevo hace unos días, así que no pasa nada.
Marta	Entonces, ¿te doy el contacto?
Álvaro	Sí, muchas gracias. Por cierto, ¿qué tal te fue el examen de ayer?
Marta	Pues, no del todo mal pero **se me olvidó el DNI**, así que tuve que volver a casa para llevarlo. Apenas llegué a tiempo al centro de examen.
Álvaro	Vaya, vaya. Menos mal que no llegaste tarde de todas formas. La verdad es que a mí me fue fatal. No tenía ni idea de cómo responder a casi todas las preguntas.
Marta	¿En serio? Pero Álvaro, era todavía más fácil de lo que pensaba.
Álvaro	Tienes razón. **Me arrepiento de no haber estudiado más.**
Marta	**¿No te acordabas bien de lo que habías memorizado?**
Álvaro	No, **me quedé** totalmente en blanco en el examen.
Marta	No te preocupes. Eso le puede pasar a cualquiera.

〈두 친구가 거리에서 대화를 하고 있습니다.〉

알바로	마르따야, 여기 근처에 괜찮은 치과의사 좀 알고 있니? 곤살레스 선생님이 곧 퇴직한다고 하네.
마르따	근데 무슨 일 생긴 거야?
알바로	아니야. 어금니 하나 때우고 싶어서 그래.
마르따	음 … 괜찮은 여자 치과의사를 알고 있지만, 진료소가 여기에서 좀 떨어져 있어.
알바로	적어도 믿을 만한 사람이라면 뭐 …. 그리고 며칠 전에 차 한 대를 사서 괜찮아.
마르따	그러면, 연락처 줄까?
알바로	응, 너무 고마워. 그건 그렇고, 어제 시험은 어땠어?
마르따	음, 완전히 나쁘지는 않았는데 신분증을 가지고 오는 걸 깜빡해서 집으로 다시 가지러 돌아가야만 했어. 시험장에 가까스로 도착한 거 있지.
알바로	이런, 이런. 어쨌든 늦지 않았으니 다행이네. 사실 난 완전히 망했어. 거의 모든 질문에 어떻게 대답해야 할지 전혀 모르겠더라고.
마르따	정말? 근데 알바로, 내가 생각했던 것보다 훨씬 쉬웠어.
알바로	네 말이 맞아. 나는 더 많이 공부하지 않은 것을 후회해.
마르따	외웠던 것이 잘 기억이 안 났어?
알바로	응, 시험에서 머리가 완전히 새하얘졌어.
마르따	괜찮아. 그런 일은 누구에게나 일어나.

Vocabularios y expresiones

· Vocabularios ·

□ jubilarse 은퇴하다	□ confianza *f.* 믿음, 신뢰
□ empaste *m.* 채움, 메꿈	□ DNI *m.* (스페인) 신분증 (Documento Nacional de Identidad)
□ consulta *f.* 진료소, 상담소	□ apenas 가까스로, 거의 ~아니다, 고작, ~하자마자
□ quedar 위치해 있다	□ arrepentirse de ~를 후회하다

· Expresiones ·

□ hacerse un empaste en una muela 어금니를 때우다	
□ pero si (상대방 의견에 반대의 뉘앙스) 에이 뭐 … [놀람, 항의, 강조 등을 위해 사용]	
□ de confianza 믿을 만한, 신뢰할 수 있는	□ todavía [비교급 강조] 훨씬
□ de todas formas 어쨌든	□ quedarse en blanco 머리가 하얘지다

문법 익히기

1 다양한 se의 용법

• 간접목적어로서의 se

한 문장 내 간접목적대명사와 직접목적대명사가 동시에 사용될 시 간접목적대명사의 형태는 se로 변합니다. [le(s) lo(s) → se lo(s) / le(s) la(s) → se la(s)]

비문 * Le lo doy. → Se lo doy.
나는 그(녀)에게 그것을 준다.

* Les la van a conceder. → Se la van a conceder.
그(녀)들에게 그것을 인가할 것이다.

* Hemos de entregárlelos. → Hemos de entregárselos.
우리는 그(녀)에게 그것들을 전달해야 한다.

• 재귀의 se

주어가 '자기 자신'을 목적어로 삼을 때 사용하는 대명사입니다. Lección 1 참고

Siéntate aquí.　　여기에 너 자신을 앉혀. (여기에 앉아.)

¿A qué hora se despierta tu hijo?
너의 아들은 몇 시에 자기 자신을 깨워? (너의 아들은 몇 시에 일어나?)

• 강조의 se

의미를 강조해 주거나 2차적인 의미로 변형 시킬 때 사용합니다. 따라서 강조의 se가 사용되지 않더라도 문장 자체는 완벽한 문장이라고 할 수 있습니다.

Ya es tarde, me voy.　　늦었다, 나 갈게.

No te rías de mí.　　날 비웃지 마.

Me he comprado un coche nuevo hace unos días.
며칠 전에 (내가 사용할) 새 차를 샀다.

De repente Adriana se murió anteayer.
그저께 아드리아나는 갑작스럽게 죽었다.

Mi esposo tenía hambre, así que se comió todas las galletas.
내 남편은 배가 고파서 모든 쿠키를 다 먹어 치웠다.

Como Julia estaba hecha polvo, se durmió en cuanto llegó a casa.
훌리아는 녹초였기 때문에 집에 도착하자마자 잠이 들었다.

ir	가다 (도착지에 초점)	irse	떠나다 (출발지에 초점, 화자의 의지 드러냄)
reír	웃다	reírse	비웃다
comprar	사다, 구매하다	comprarse	(주어가 사용하려고) 사다, 구매하다
morir	죽다	morirse	(갑작스럽게) 죽다
comer	먹다	comerse	먹어 치워버리다 (보통 수량목적어 동반)
dormir	자다	dormirse	잠들어버리다

• 비인칭의 se

'일반적으로 ~하는', '누구나(모두가) ~하는'이라는 의미로 사용되며 오로지 3인칭 단수 동사와 사용되고 se의 형태는 변하지 않습니다. 동사는 자동사, 타동사 상관없이 사용 가능합니다.

Se dice que ella era una adicta a las compras.
그녀는 쇼핑 중독자였다고 한다.

Se cree que los países menos desarrollados reciben auxilio económico de los avanzados.
(일반적으로 사람들은) 저개발국가들은 선진 국가들로부터 경제적 원조를 받는다고 생각한다.

Llévese dos por uno.
하나 대신 두 개 가져가세요. → 명령의 대상을 비인칭 주어로 표현하여 공손함/예의를 드러냄.

¡OJO!

● 비인칭의 se vs. 수동의 se

비인칭의 se	수동의 se
3인칭 단수	3인칭 단/복수
자동사, 타동사	타동사
주어 無	(일반적) 사물 주어

• Vocabularios • conceder 인가하다, 허가하다   haber de + 동사원형 ~해야 한다   estar hecho polvo 녹초가 되다   ser un/a adicto/a a … ~에 중독자이다   auxilio m. 도움, 원조

문법 익히기

• 수동의 se

우리나라의 피동 표현인 '–이/히/리/기' 쓰임과 유사하며 일반적으로 주어가 사물일 때 주로 사용합니다. 누가 그 행위를 했는지 관심을 두지 않기 때문에 보통 행위자를 밝히지 않습니다. 동사는 목적어가 필요한 타동사일 때만 사용하며 3인칭 단/복수 형태 모두 사용 가능합니다. 보통 주어는 동사 뒤에 위치하지만, 앞에 사용되어도 문법적으로 틀리지 않습니다.

Se ha realizado la devolución del impuesto.
세금 환급이 이루어졌다.

Inesperadamente se rechazaron todas mis sugerencias.
예상치 못하게 나의 모든 제안들이 거절되었다.

Se suministraron los materiales educativos al colegio.
학교에 교육 자료들이 제공되었다.

• 상호의 se

'서로 서로'의 의미를 나타낼 때 사용합니다. 동사는 일반적으로 복수 동사이어야 하기 때문에 se의 형태 또한 복수 변화형인 'nos, os, se'가 사용됩니다. 상호의 의미를 강조하기 위해 추가적인 부사나 부사구를 첨가할 수도 있습니다.

Nos queremos un montón.
우리는 서로를 매우 사랑한다.

Todos los aspirantes se saludan unos a otros.
모든 참가자들을 서로에게 인사한다.

Susana y Cecilia se abrazan en la calle.
수사나와 세실리아는 거리에서 서로 포옹을 한다.

La jefa y los trabajadores se respetan mutuamente.
여자 사장과 직원들은 서로를 존중한다.

> **¡OJO!**
> '서로 서로'에 해당하는 부사구 'uno(s) a otro(s)'는 다음과 같이 사용합니다.
> ① 구성원이 전부 남자 or 혼성일 때
>   → uno a otro / unos a otros / el uno al otro / los unos a los otros
> ② 구성원이 전부 여자일 때
>   → una a otra / unas a otras / la una a la otra / las unas a las otras
>
> **Tip** a는 동사나 보어에 따라서 다른 전치사로 바뀔 수 있습니다.

- **무의지의 se**

어떤 사건이 자신의 의지와 상관없이 일어나는 뉘앙스를 표현할 때 사용합니다. 해당 사건이 자신에게 책임이 없다는 사실을 드러내며 의도적이지 않았다는 느낌을 나타냅니다. 때로는 변명하거나 사건을 회피하고자 할 때 사용합니다.

> se + 간접목적대명사 + 동사 + 주어

Se me ha olvidado traer la llave.
열쇠를 가져오는 것이 나에게 잊혔다. (열쇠를 가져오는 것을 깜빡했어.)

De pronto se me ha ocurrido una buena idea.
갑자기 좋은 생각 하나가 나에게 떠올랐다. (갑자기 좋은 생각 하나가 떠올랐다.)

Se le cayó la pluma.
그에게서 만년필이 떨어졌다. (그가 만년필을 떨어뜨렸다.)

・Vocabularios・ devolución *f.* 환급, 돌려줌   inesperadamente 예기치 않게   suministrar 제공하다
aspirante *m.f.* 참가자

2 전치사 동반 재귀동사

타동사에서 재귀대명사 se가 붙으면서 자동사화(化) 된 동사는 이미 '자기 자신'을 목적어로 취한 상태입니다. 목적어를 하나만 취할 수 있는 동사는 전치사를 동반하여 한국어 의역상의 목적어를 나타낼 수 있습니다. Lección 1 참고

Perdona, no me acuerdo de ti.
미안해, 너에 대해 나 자신을 기억하게 할 수 없어. (나는 너를 기억 못 해.)

Me dedico a la enseñanza de coreano.
나는 한국어 교육에 나 자신을 전념 시켜. (나는 한국어 교육에 종사해.)

¿Os interesáis por el alpinismo?
너희들은 등산에 너희 자신을 흥미롭게 하니? (너희들은 등산에 흥미가 있니?)

Ayer me encontré con Pilar en la calle.
나는 어제 길에서 우연히 필라르와 마주쳤다.

Nuestro profesor aún no se ha enterado de que estamos preparando una fiesta sorpresa para él.
우리가 선생님을 위해 깜짝파티를 준비하고 있는 것을 우리 선생님은 아직 알아차리지 못하셨다.

La madre se alegró mucho de que su hija había logrado al final su sueño.
어머니는 그녀의 딸이 결국 자신의 꿈을 이뤄내서 매우 기뻤다.

Acostúmbrate a la soledad, porque el amor siempre falla.
사랑은 언제나 좌절되니 고독에 익숙해져라.

Oye, no te burles de mí.
야, 날 놀리지 마.

Chicos, fijaos en el ejemplo.
얘들아, 예시에 집중해 보자.

Si te esfuerzas por ser una persona perfecta, solo conseguirás cansancio.
네가 완벽한 사람이 되고자 노력한다면, 오로지 피곤함만을 얻게 될 거야.

Me encargo de la contabilidad en esta empresa.
나는 이 회사에서 회계를 담당하고 있다.

de	acordarse de ~를 기억하다 / enterarse de ~를 알게 되다 / alegrarse de ~해서 기쁘다 / burlarse de ~를 놀리다 / encargarse de ~를 담당하다
a	dedicarse a ~에 종사하다, 전념하다
por	interesarse por ~에 흥미를 가지다 / esforzarse por ~에 힘쓰다, 노력하다
en	fijarse en ~에 주의를 기울이다
con	encontrarse con ~와 우연히 만나다

3 항상 재귀의 se가 붙는 대명동사

언제나 재귀의 se가 붙어서 사용되는 동사가 존재합니다. 다시 말해, 재귀의 se 없이 단독으로 사용하지 않습니다. 이러한 동사를 '대명동사'라고 합니다. 또한, 대명동사는 전치사를 동반하는 경우가 많습니다.

Me arrepiento de no haber estudiado más.
나는 더 많이 공부하지 않은 것을 후회해.

¿Te atreves a repetirlo otra vez?
너는 과감히 다시 그것을 반복하려는 거야?

No te quejes de eso.
그것에 대해서 불평하지 마.

Martina siempre se jacta de su talento artístico.
마르티나는 항상 자신의 예술적 감각을 자랑한다.

Últimamente mi hijo se desvive por el medio ambiente.
최근 내 아들은 환경에 관심을 보인다.

Él se ha suicidado por problemas económicos.
그는 경제적인 문제로 자살을 했다.

El jefe se ha dignado a aceptar mi sugerencia.
사장은 나의 제안을 친히 받아주었다.

• Vocabularios • alpinismo *m.* 등산   jactarse de algo ~을 자랑하다   desvivirse por ~에 관심을 보이다
dignarse a + 동사원형 친히 ~해주다

연습 문제

1 밑줄 친 se의 용법을 적어보세요.

(1) Se está todo bien aquí.

(2) Se me cayó el bolígrafo.

(3) Se lo diré más tarde.

(4) La pareja de novios se besa en medio del campo.

(5) Se vende un piso grande.

(6) Juana se comió dos trozos de pizza.

(7) Me encontré con Álex hace una semana.

(8) Se vive feliz.

(9) Se rompieron todos los vasos en la mesa.

(10) Mi hermano siempre se jacta de su habilidad de comunicación con sus clientes.

• Vocabularios • habilidad *f.* 능력   escapar 도망치다, 달아나다

2 제시된 문장의 밑줄 친 se와 같은 용법의 se를 사용한 문장을 모두 고르세요.

> ·보기·
>
> A Isaac Newton se le reconoce como uno de los mejores científicos del mundo.

(1) Por fin se han solucionado los problemas.

(2) Se construyeron estos dos puentes hace muchos años.

(3) Últimamente se lee poco en casi todos los países.

(4) Se busca a la persona que robó el coche.

(5) Se me escaparon las lágrimas tan pronto como lo vi.

(6) Dante siguió riéndose de ella.

(7) Mejor vístase con la chaqueta elegante.

연습 문제

3 문법적으로 올바른 문장은 ○, 틀리거나 어색한 문장은 X 표시 후 바르게 고쳐보세요.

(1) Antonia siempre se burla a los demás.　　　　　(　)

(2) Alexa y Pablo se escriben cartas uno al otro.　　　(　)

(3) Se piensan que este luchador es el mejor del año.　(　)

(4) Véase más arriba.　　　　　　　　　　　　　　(　)

(5) Cómprense unos cafés con este dinero.　　　　　(　)

(6) Mi niño se desvive de la música.　　　　　　　　(　)

(7) Se ha muerto mi perrito hace poco.　　　　　　　(　)

(8) Nosotros acordamos de nuestra profesora.　　　　(　)

(9) ¿No te enteraste de que estaba aquí?　　　　　　(　)

(10) El director se va a rechazar su idea.　　　　　　(　)

• Vocabularios • luchador *m.* 격투기 선수

4 제시된 문장을 작문해 보세요.

(1) 이 도로는 공사 중이기 때문에 건너갈 수 없습니다. (estar en obras)

→ _____

(2) 양측 간의 협상이 결국 종결되었다. (clausurar)

→ _____

(3) 제 친구가 우산을 가져오는 것을 깜빡했네요.

→ _____

(4) 인턴사원은 그 회사의 중요한 업무를 맡았다. (empleado en prácticas, encargarse de)

→ _____

(5) 요즘 젊은이들은 좋은 직장을 얻기 위해 매우 노력한다. (esforzarse por)

→ _____

중남미 특정 지역에서 나타나는 언어적 현상, Voseo

Voseo 현상은 중남미 특정 지역에서 스페인어의 2인칭 단수 tú를 vos로 표현하는 언어적 현상을 말합니다. Voseo 현상이 가장 잘 나타나는 지역은 라플라타 강Río de la Plata 유역에 있는 국가인 아르헨티나, 파라과이, 우루과이입니다. 또한, 과테말라, 온두라스, 코스타리카 등 중앙아메리카의 특정 지역에서도 Voseo 현상을 살펴볼 수 있습니다. 유럽 스페인어에서는 이미 사라진 사어이지만 앞서 말한 국가들에서는 아직까지도 이 언어적 현상이 나타나고 있습니다.

중세 스페인어에서 vos는 tú의 존칭 의미와 더불어 2인칭 복수인 vosotros의 의미를 가지고 있었지만, 현재는 tú의 존칭은 usted으로, 2인칭 복수는 vosotros로 변했기 때문에 유럽 스페인어에서는 vos가 사용되지 않게 되었습니다. 1492년 콜럼버스가 아메리카 대륙을 발견한 이후부터 중남미 국가에 스페인어가 전파되기 시작했습니다. 즉, 16세기에 사용되던 스페인어가 중남미 대륙에 전파되었고 vos 또한 이 시기에 사용되었습니다. 17세기가 지나면서 스페인에서는 vos가 더 이상 사용되지 않게 되었고, 이에 영향을 받은 중남미 국가들 또한 vos를 사용하지

않게 되었습니다. 하지만 앞서 말한 일부 지역에서는 vos의 사용을 유지하면서 다른 의미로도 변화하게 되었습니다. 본래 tú의 존칭을 나타냈지만 시간이 지나면서 존칭이 아닌 친한 사이에 사용하게 되면서 기존의 tú와 동일한 의미를 가지게 되었습니다.

라플라타 강 유역과 일부 중앙아메리카 국가에서는 아래와 같은 문장을 들을 수 있습니다.

¿Vos querés tomar algo? (= ¿Tú quieres tomar algo?)
너 뭐 좀 마실래?

이 지역의 나라들에서는 vos의 사용 이외에도 동사의 인칭 변화형 또한 달리 사용합니다. 예시문에서 알 수 있듯이 querer의 2인칭 단수형 quieres가 이 지역에서는 querés로 사용하고 있습니다. 이처럼 tú를 vos로 사용하고 동사 또한 다른 형태로 활용하는 현상을 통틀어 'Voseo 현상'이라고 합니다.

Vos andás mucho.   너는 많이 걷는다.
Vos no tenés hambre, ¿verdad?   너는 배가 안 고픈 거 맞지?
¿Lo sabés vos?   너는 그것을 아니?

Lección 3

Está sonando un teléfono.

휴대폰 하나가 울리고 있네.

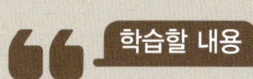 

1 무관사, 부정관사, 정관사의 구별

페루 마추픽추 Machu Picchu

회화 익히기

<Un profesor y unas alumnas están hablando en clase.>

Profesor	Está sonando un teléfono. Os dije muchas veces que teníais que apagar el teléfono en clase.
Lucía	Perdone, profesor. Es que hoy puede que reciba una llamada urgente.
Profesor	¿Te pasa algo? Parece que no eres la Lucía que conozco. Tienes cara de pena estos días.
Lucía	La verdad es que mi madre se encuentra mal desde hace unos días. No hay nadie que la cuide cuando estoy en clase, así que me preocupo mucho por ella.
Profesor	Lo siento mucho. Pero hubiera sido mejor si me lo hubieses dicho antes.
Lucía	Perdóneme. Últimamente estoy a menudo en las nubes por pensar tanto en ella.
Profesor	Te entiendo. Espero que se recupere pronto. Bueno, ya empecemos de nuevo desde la Corea del siglo XX. ¿Qué pasó en esta época?
Alumna	Corea cayó bajo el control japonés.
Profesor	Exacto. En 1910, Corea fue anexionada por Japón y permaneció así hasta el final de la Segunda Guerra Mundial.
Alumna	¿En este período colonial los coreanos no podían hablar en coreano?
Profesor	Muy buena pregunta. Durante esta época Japón les hizo adoptar nombres al estilo japonés y también hablar en su idioma.
Alumna	No me puedo imaginar la Corea colonial. Y me sorprende mucho que los coreanos lograran mantener su identidad cultural a pesar de ello.

〈선생님과 학생들이 수업 시간에 이야기를 나누고 있습니다.〉

선생님　휴대폰 하나가 울리고 있네. 수업 시간에는 휴대폰을 꺼야 한다고 너희들에게 많이 말했는데.
루시아　죄송해요, 선생님. 오늘 급한 전화가 올 수도 있어서요.
선생님　무슨 일 있니? 내가 알던 루시아가 아닌 것 같구나. 요즘 걱정이 많아 보여.
루시아　사실 저희 어머니가 며칠 전부터 편찮으세요. 제가 수업에 있을 때 아무도 어머니를 돌봐줄 사람이 없어서 걱정이 많이 돼요.
선생님　참 유감이구나. 하지만 선생님한테 미리 말해줬더라면 더 좋았을 것 같아.
루시아　죄송해요. 최근에 어머니 생각을 많이 해서 자주 멍해 있네요.
선생님　이해해. 얼른 회복하시기를 바란다. 자, 이제 20세기 한국부터 다시 시작해 봅시다. 이 시기에 무슨 일이 있었죠?
학생　한국이 일본의 지배를 받았어요.
선생님　맞아요. 1910년에 한국이 일본에 병합되었고 그 상태가 제2차 세계대전이 끝날 때까지 유지가 되었어요.
학생　식민지 시기에 한국인들은 한국어로 말을 할 수 없었나요?
선생님　매우 좋은 질문이에요. 이 시기 동안 일본은 한국인들에게 일본식 이름을 사용하도록 하고 일본어로 말하게 했어요.
학생　식민지 시절의 한국을 상상할 수가 없어요. 그리고 이런 상황에도 불구하고 한국인들이 자신의 문화적 정체성을 지켜낸 것이 놀라워요.

Vocabularios y expresiones

Vocabularios

- recuperarse 호전되다
- bajo ~하에, ~ 아래에
- anexionar 병합하다
- adoptar 채택하다, 받아들이다

Expresiones

- cara de pena 슬픈 얼굴, 걱정 많은 얼굴
- estar en las nubes 딴생각하다
- de nuevo 다시
- a pesar de ~에도 불구하고

문법 익히기

1 무관사, 부정관사, 정관사의 구별

• **무관사**

단어의 사전적 의미를 뜻하며 해당 단어를 떠올렸을 때 머릿속에 그려지는 이미지 그 자체를 의미합니다. 예를 들어, árbol (나무)이라는 단어를 보았을 때 떠오르는 이미지(가지, 이파리, 갈색, 초록색, 열매 등)가 무관사로서의 árbol이라고 할 수 있습니다.
특정적/한정적이지 않으며 개별화도 되지 않은 말 그대로 단어의 사전적 의미를 뜻합니다.

Me gusta beber vino.	나는 와인 마시는 것을 좋아해.
Cristina nunca come carne.	크리스티나는 고기를 절대 먹지 않는다.
Voy en autobús.	나는 버스를 타고 간다.

[용례]

(1) 수식어가 없는 ser 동사의 보어

Soy coreógrafo. 저는 안무가입니다.
Tip Soy un coreógrafo muy famoso. 저는 매우 유명한 안무가입니다.
Este chaval es mexicano. 이 남자아이는 멕시코 사람이야.
Hoy es lunes, 21 de enero. 오늘은 1월 21일 월요일이야.

(2) 월의 명칭

En diciembre hace mucho frío y nieva con frecuencia.
12월에는 매우 춥고 눈이 자주 온다.

Enero es el primer mes del año. 1월은 한 해의 첫 번째 달이다.

Tip Recuerdo el julio en que nos conocimos por primera vez.
우리가 처음 만난 그 7월을 나는 기억해.

(3) 관용적으로 굳어진 표현

Me quedaré en casa. 나는 집에 있을게.
No se puede comer en clase. 수업 시간에는 무언가를 먹을 수 없다.
¿Cuánto se tarda desde aquí hasta la boca de metro a pie?
여기서부터 지하철역 입구까지 걸어서 얼마나 걸리나요?

Llevo mucho tiempo de pie; estoy bastante cansado.
오랜 시간 일어서 있어서 나는 꽤 피곤한 상태야.

(4) '명사 de 명사'인 경우, 앞의 명사를 형용사처럼 수식해 줄 때

Tienes cara de pena estos días. 너 요즘 걱정이 많은 얼굴이야. (요즘 걱정이 많아 보여.)

Tenéis cara de sueño. ¿No dormisteis bien anoche?
너희들 졸린 얼굴을 가지고 있네. (너희들 졸려 보이네.) 어젯밤 잠을 잘 못 잤니?

Estudio en el departamento de Educación Primaria. 저는 초등 교육과에서 공부합니다.

> ¡OJO!
> '명사 de 명사'의 구문에서 뒤에 오는 명사의 관사 유/무에 따라서 뜻이 달라질 수 있습니다.
> ① juguetes de niño 어린이 장난감   ② juguetes del niño 그 아이의 장난감
> ①의 경우 관사 없이 niño(어린이)라는 단어를 사용했기 때문에 사전적 의미의 기능을 하게 됩니다.
> 반면, ②의 경우 정관사를 사용함으로써 niño의 의미가 특정적으로 바뀝니다. (el niño = 그 아이)

• 부정관사

정관사에 비해 특정적이지 않지만 여러 개 중 하나의 의미로 명사를 개별화 시켜주는 역할을 합니다. 무관사보다 의미가 구체화되고 특정화되었지만 정해져 있는 특정 대상을 뜻하지는 않습니다.

Está sonando un teléfono. 휴대폰 하나가 울리고 있다. [어떤 휴대폰인지 모름]
¿Dónde hay un banco cerca de aquí? 이 근처에 화장실이 어디에 있나요? [근처에 화장실이 있는지 모름]
Un amigo mío me ha llamado de repente. 내 친구 중 한 명이 갑자기 나에게 전화를 했다.
No hay una María con gafas en esta aula. 이 교실에 안경을 쓴 마리아는 없다. [개별화]

[용례]

(1) 청자에게 처음 소개하며 개별화가 필요한 경우

Una señora que tendría más o menos 40 años vino a mi oficina.
마흔 살쯤 되어 보이는 한 여자가 나의 사무실에 왔다.

> **문법 익히기**

(2) 수식어가 있는 ser 동사의 보어

Ximena es una locutora muy competente.   히메나는 매우 유능한 아나운서이다.

Tip Es un médico. → 여러 명 중 한 의사 또는 의사 같은 사람

(3) 관용적으로 굳어진 표현

Sandra llegará de un momento a otro.   산드라는 곧 도착할 것이다.
Es un problema un tanto preocupante.   그것은 다소 걱정이 되는 문제다.
Un día de estos iré a verte.   조만간 너를 보러 갈게.

• 정관사

정관사는 명사의 의미를 가장 구체화, 특정화시키는 기능을 합니다. 한정성의 정도가 가장 높으며 구체적인 특정 대상을 의미합니다. 또한, 어느 한 종족이나 부류(clase)의 총칭적인 의미를 나타낼 때도 사용됩니다. 스페인어는 불특정한 대상을 나타내거나 관사의 생략이 가능한 경우를 제외하고는 대체적으로 정관사(또는 정관사에 상응하는 형용사)를 동반합니다.

• 의미의 특정화, 구체화 정도 •
관사 〉 부정관사 〉 무관사

¿Has visto el árbol frutal que te dije antes?   내가 전에 네게 말한 과일나무를 봤니?
Este señor es el arquitecto que hizo tu casa.   이 분이 너의 집을 만드신 건축가야.
Me apetece beber el vino que me regalaste.   네가 나에게 선물해 준 그 와인을 마시고 싶어.

Tip Me apetece beber vino. 나는 와인을 마시고 싶어.

[용례]

(1) 고유명사라도 특정화 시켜야 할 때

Perdóname, no soy la Paola que conocías.   미안해, 나는 네가 알던 파올라가 아니야.
¿Qué pasó en la Corea del siglo XX?   20세기 한국에서는 무슨 일이 일어났나요?

(2) 종족이나 부류(clase)의 총칭

El perro es el mejor amigo del ser humano.   개는 인간의 가장 좋은 친구다.

Me gusta el chocolate.   나는 초콜릿을 좋아해. (초콜릿이라는 제품)

Los coreanos comen arroz.   한국인들은 쌀을 먹는다.

(3) 호격(누군가를 부르는 경우)을 제외한 가족의 성(이름)이나 직함

Los García no llegaron al final a la fiesta.   결국 가르시아네 가족은 파티에 오지 않았다.

El señor González lleva cruzados los brazos.   곤살레스 씨는 계속 팔짱을 낀 채 있다.

Tip ¿Qué tiene, señor González? 무슨 일 있어요, 곤살레스 씨?

> **¡OJO!**
> 정관사+señor(a), doctor(a), profesor(a), presidente/a+성(apellido, 선택)
> 무관사+don, doña, fray, sor, san(to), santa+이름(nombre, 필수)

(4) 강, 산, 바다 등을 나타낼 때 남성 정관사 사용

El (monte) Everest, El (río) Amazonas, El (océano) Mediterráneo, El (lago) Ontario …

(5) 정관사를 사용하는 국명이나 도시명

El Salvador (엘살바도르), Las Filipinas (필리핀), La Habana (아바나), La Haya (헤이그), …

(6) 부사적으로 사용하는 요일, 날짜, 계량

La boda será el sábado.   결혼식은 토요일에 열릴 것이다.

Nos vemos el 8 de septiembre.   9월 8일에 보자.

Mis padres se casaron en el 95.   1995년에 우리 부모님이 결혼하셨다.

Tip Mis padres se casaron en 1995. → 전체 연도를 다 쓸 경우 정관사 생략

Los tomates están a 2 euros el kilo.   토마토는 1kg당 2유로이다.

• **Vocabularios** coreógrafo/a *m.f.* 안무가   pena *f.* 슬픔, 고통, 유감   locutor/a *m.f.* 아나운서
competente 유능한   cruzar los brazos 팔짱 끼다

연습 문제

1 괄호 안에 정관사, 부정관사를 넣어보세요. (불필요 시, X 표시하세요.)

(1) Hoy es (   ) domingo, 21 de marzo.

(2) ¿No te gusta (   ) paella?

(3) (   ) García donan sangre para los heridos del accidente.

(4) A (   ) 16 años aprendí español por primera vez.

(5) Andrés es todavía mayor de lo que pensaba, pero tiene cara de (   ) niño.

(6) Yo solo sé hablar (   ) alemán que aprendí en la escuela.

(7) Esta mañana he desayunado tostadas a (   ) francesa.

(8) ¿Recuerdas (   ) invierno cuando se congelaron todos los ríos?

(9) Instagram fue lanzada (   ) 6 de octubre de 2010.

(10) Todavía no son (   ) dos. Quedan dos minutos.

· Vocabularios · donar sangre 헌혈하다   congelarse 얼다   lanzarse 착수하다
aplicado/a 근면한, 열심히 하는   atender 대접하다, 맞이하다   rueda de prensa 기자회견

(11) (   ) doña Juana me saludó con un beso.

(12) David es (   ) estudiante bien aplicado.

(13) Hoy vamos a aprender sobre (   ) España moderna.

(14) Le atiendo, (   ) señorita López.

(15) ¿A cuánto está (   ) kilo de manzanas?

(16) Habrá una rueda de prensa en (   ) agosto.

(17) Necesitamos (   ) otro libro.

(18) Me encantan las galletas de (   ) mantequilla.

(19) ¿Quieres (   ) café? – No, a mí no me sienta bien (   ) café.

(20) (   ) hacer ejercicio es muy bueno para la salud.

연습 문제

2 문법적으로 올바른 문장은 O, 틀리거나 어색한 문장은 X 표시 후 바르게 고쳐보세요.

(1) La conferencia se celebraba los jueves. ( )

(2) ¿Cuánto tiempo se tarda en subir al Everest? ( )

(3) Pásame la sal, por favor. ( )

(4) Nunca he visitado Habana en mi vida. ( )

(5) Tengo pensado comparar juguetes del niño para mi sobrino. ( )

(6) Sara juega muy bien al ajedrez. ( )

(7) ¿Cuál es una película más divertida del festival? ( )

(8) Gato es un animal muy cariñoso. ( )

(9) Fray Pedro Simón era una persona humanista. ( )

(10) Un policía me dijo que había asunto pendiente. ( )

• **Vocabularios** ajedrez *m.* 체스   humanista 인간적인, *m.f.* 인도주의자   asunto *m.* 사건
pendiente 미제의, 해결되지 않은, 공중에 매달린, *m.* 귀걸이

3 제시된 문장을 작문해 보세요.

(1) 1993년에 이 다리가 건설되었다.

→ _____

(2) Carmen은 콜럼버스 이전 멕시코에 대해서 발표할 것이다. (México antigua)

→ _____

(3) 그 사진을 보자마자 그 아이의 얼굴이 떠올랐다.

→ _____

(4) 결국 귀걸이 한 짝은 찾지 못했다. (pendiente)

→ _____

(5) 나는 방금 전에 다소 치명적인 몇 가지 오류들을 고쳤다. (crítico)

→ _____

스페인만의 독특한 숙박 시스템, Parador

파라도르Parador란, 오래된 성이나 수도원 외부는 그대로 보존하고 내부를 현대적으로 개조한 스페인의 국영 호텔을 의미합니다. 스페인만의 독특한 이 호텔은 1928년부터 지금까지 스페인을 대표하는 숙박 시스템으로 자리 잡고 있으며, 역사적으로 의미 있거나 뛰어난 자연 경관을 갖추고 있는 건물을 리모델링하여 스페인의 역사와 문화를 보존하면서 관광객들을 유치하기 위해 시작되었습니다.

2022년을 기준으로 스페인 전역에 97개의 파라도르가 있으며, 총 4,000명 이상의 직원들이 파라도르의 지속적인 보존과 관람객들의 편안한 숙박을 위해 힘쓰고 있습니다. 보통 각 도시의 경관이 가장 좋은 곳에 위치해 있기 때문에 휴양을 원하는 전 세계 관광객들에게 많은 사랑을 받고 있습니다. 또한 파라도르 안에는 그 지역의 전통 요리나 특산물을 활용한 요리를 맛볼 수 있는 레스토랑이 있어서 관광객들의 이목을 사로잡고 있습니다.

　관람객들에게 가장 인기 있는 파라도르는 알람브라 궁전 안에 위치해 있는 그라나다 파라도르Parador de Granda와 어디에서도 볼 수 없는 자연경관을 만날 수 있는 론다 파라도르Parador de Ronda입니다. 스페인의 마지막 이슬람 궁전인 알람브라의 내부에 위치해 있는 그라나다 파라도르는 스페인 최고의 파라도르 중 하나로 손꼽히고 있습니다. 론다의 파라도르는 옛 시청을 개조하여 만든 곳이며 협곡 위의 아슬아슬한 도시 모습과 아름다운 타호 강El río Tajo의 정취를 즐길 수 있기 때문에 매년 관광객의 발길이 끊이지 않는 곳입니다.

Lección 4

Iba a ir, pero no pude.

가려고 했지만, 그럴 수 없었어요.

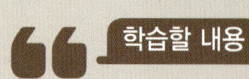 

1 단순과거와 불완료과거의 차이

2 단순과거와 현재완료의 차이

볼리비아 우유니 소금사막 El Salar de Uyuni

회화 익히기

<Dos compañeros de trabajo están charlando en una oficina.>

Mateo ¿Qué tal **fue** ayer tu cumple?

Daniela ¡Lo **pasé** genial! Mis amigos **prepararon** una fiesta sorpresa. Todos **llevaban** una máscara súper graciosa y **cantaban** una canción de Rosalía. Es que me encanta ella.

Mateo ¡Qué maravilla! Seguro que **era** muy divertida la fiesta. Siento mucho no haber podido estar contigo ayer. **Iba** a ir, pero no pude. **Tenía** mucha fiebre, así que **tomé** una prueba rápida de antígenos de Covid-19.

Daniela Uff… no lo **sabía**. Y te **dio** negativo, ¿verdad?

Mateo Sí, pero aún no me encuentro bien. Puede que haya tenido gripe. Dicen que últimamente la gripe está en auge.

Daniela ¿En serio? No lo **había escuchado**. Aunque pensándolo bien, cada vez más personas alrededor de mí me dicen que tienen algunos síntomas de gripe.

Mateo Ya, deberías tener mucho cuidado. Tengo pensado ir al médico después del trabajo.

Daniela ¿**Has terminado** de actualizar la ficha de cliente? Si no, te ayudo y puedes salir más temprano.

Mateo Ay, muchísimas gracias. Pero seguramente tú también tendrás un montón de cosas que hacer; no quiero tomar mucho de tu tiempo.

Daniela Tranquilo, ya **he terminado** todo, no te preocupes.

〈두 명의 회사 동료가 사무실에서 대화를 나누고 있습니다.〉

마테오　　어제 생일은 어땠어요?
다니엘라　최고였죠! 친구들이 깜짝파티를 준비해 줬어요. 모두가 굉장히 웃긴 가면을 쓰고
　　　　　로살리아의 노래를 불러줬어요. 제가 로살리아를 엄청 좋아하거든요.
마테오　　대단하네요! 파티가 너무 재밌었을 것 같아요. 어제 같이 못 있어서 미안해요.
　　　　　가려고 했지만, 그럴 수 없었어요. 열이 너무 많이 나서 코로나 신속 항원 검사를 해봤어요.
다니엘라　세상에 … 몰랐어요. 음성이 나온 거죠?
마테오　　네, 그런데 아직 몸 상태가 좋지 않아요. 독감일 수도 있을 것 같아요.
　　　　　최근에 독감이 유행이라고 하더라고요.
다니엘라　정말요? 저는 그런 소리 못 들었어요. 생각해 보니까 제 주위에 점점 더 많은 사람들이
　　　　　독감 증상이 있다고 하네요.
마테오　　맞아요, 많이 조심하셔야 해요. 퇴근하고 병원에 갈까 생각 중이에요.
다니엘라　고객 관리표 업데이트는 다 끝내셨어요? 다 안 끝내셨으면 제가 도와드릴게요.
　　　　　더 일찍 퇴근하실 수 있을 거예요.
마테오　　정말 고마워요. 그런데 다니엘라 씨도 해야 할 것이 너무 많을 것 같은데요.
　　　　　다니엘라 씨 시간을 많이 뺏고 싶지 않아요.
다니엘라　괜찮아요, 저는 다 끝내 놨으니 걱정 말아요.

Vocabularios y expresiones

· Vocabularios

□ actualizar 최신화하다, 업데이트하다	□ ficha *f.* 카드, 표

· Expresiones

□ fiesta sorpresa 깜짝파티	□ darle negativo 음성이 나오다 (↔ darle positivo 양성이 나오다)
□ prueba rápida de antígenos 신속 항원 검사	□ estar en auge 유행 중이다

문법 익히기

1 단순과거와 불완료과거의 차이

단순과거는 과거 어느 시점에서 시작되어 이미 종결된 사건이나 상태를 말합니다. 끝이 있기에 그 결과까지 알 수 있다는 특징을 가지고 있습니다. 반면, 불완료과거는 과거의 진행, 습관, 묘사 등을 나타내며 종결되지 않은 행위나 상태를 말합니다. 듣는 이에게 끝이 불분명하기 때문에 행위의 결과 또한 알 수 없습니다.

¿Qué hiciste el domingo?
– Iba a ir al cine, pero al final fui al parque de atracciones.
너는 일요일에 뭐 했어? – 영화관에 가려고 했는데, 결국 놀이공원에 갔어.

El partido fue transmitido anoche en directo.
어젯밤 그 경기가 생방송으로 중계되었다.

Ese bailarín se resignó a bailar después de que se lastimó la cintura.
그 댄서는 허리를 다친 이후부터 춤을 그만두었다.

La sopa estaba sosa, de manera que añadí un poco más de sal.
수프가 싱거워서 소금을 조금 더 넣었다.

Óscar no hacía nada en aquel entonces.
(= Óscar no estaba haciendo nada en aquel entonces.)
그때 당시에 오스카르는 아무것도 하지 않고 있었다.

Mientras vivía en Málaga, vi a Pablo Alborán en la calle.
내가 말라가에 살 때, 거리에서 파블로 알보란를 보았다.

Ángel me dijo que te esperaba esta noche en su despacho.
앙헬은 오늘 밤에 그의 사무실에서 너를 기다릴 거라고 나에게 말했다.

> **¡OJO!**
>
> ● 완곡한(예의적) 표현을 사용할 때 '단순과거'를 사용하지 못하는 이유는 무엇일까요?
> 단순과거는 과거 행위의 결과를 포함하는 시제이기 때문에 현재의 상황을 과거의 상황으로 바꾸어 부드럽게 표현하는 완곡한 표현에 어울리지 않습니다. 따라서 완곡한 표현은 정확한 결과를 알 수 없는 불완료과거, 가정미래, 접속법과거로 나타내며 그중 접속법과거가 가장 완곡하면서 정중한 표현입니다.
>
> Quería preguntarte algo.　　너에게 물어보고 싶은 게 있어.
> ¿Qué deseaba Ud.?　　무엇을 도와드릴까요?

- **과거의 지속적인 행위더라도 구체적 기간이 명시된 경우**

● 종결점이 존재하므로 '단순과거' 사용

¿Dónde estuviste ayer desde las 5 hasta las 7? 어제 5시부터 7시까지 너는 어디에 있었니?
– Estuve en un campo de fútbol. 축구 경기장에 있었어요.
Patricia vivió en Suecia durante cinco años. 파트리시아는 5년간 스웨덴에서 살았다.
Trabajé en una empresa de tecnología de la información en 2005.
나는 2005년에 IT 회사에서 근무했다.

- **단순과거와 불완료과거에 따른 미묘한 의미 차이**

(1) haber

(Hubo / Había) un incendio en un establecimiento de cuidado infantil ayer.
어제 유아 보육 센터에서 화재가 있었다.

단순과거 hubo를 사용하면 객관적인 사건 보도에 중점을 두고 있으며 화자의 감정 이입이 되지 않은 상태로 있는 그대로의 서술(narración)을 뜻합니다. 반면, 불완료과거 había를 사용하면 화자의 주관적인 감정이 들어가며 사건에 대한 묘사(descripción)를 할 때 사용합니다. 이러한 미묘한 차이 때문에 한국어로 번역할 때 두 표현의 차이를 나타내기가 다소 어렵습니다.

(2) ser

¿Cómo (fue / era) el examen de matemáticas?
수학 시험 어땠어? / 수학 시험 (유형이) 어땠어?

단순과거 fue는 사건의 시작과 끝의 과정이 어땠는지 물어보는 것이기 때문에 답변 또한 시험이 어땠는지에 대해서 말해주어야 합니다. (No fue tan difícil. 그렇게 어렵지 않았어.) 반면, 불완료과거 era는 대상의 표면적인 묘사를 나타내기 때문에 시험의 형태, 즉 유형을 묻는 질문으로 받아들이게 됩니다. (Era tipo test, pero tenía una pregunta de desarrollo. 객관식 시험이었는데, 주관식 문제 하나가 있었어.) 이처럼 시작과 끝까지의 과정을 나타내는 사건명사(fiesta, reunión, boda, banquete, conferencia, concierto, espectáculo, etc.)는 ser 동사와 사용될 때 주로 단순과거 형태로 사용됩니다.

문법 익히기

(3) poder

Cecilia (pudo / podía) comprar cuantos libros quería.
세실리아는 원하는 모든 책을 살 수 있었다.

단순과거 pudo는 끝을 알 수 있다는 단순과거의 특성으로 과거에 할 수 있었던 사실과 더불어 실제로 그것을 했다는 뜻을 내포하고 있습니다. 반면, 불완료과거 podía는 듣는 이가 끝을 알 수 없기 때문에 과거에 할 수 있었던 상황만을 드러낼 뿐 실제로 그 행위가 이루어졌는지는 알 수 없습니다.

(4) tener que

Marcelo (tuvo que / tenía que) correr a toda velocidad para llegar a tiempo.
마르셀로는 제시간에 도착하기 위해 전속력으로 달려야 했다.

단순과거 tuvo que는 동사 poder와 마찬가지로 종결점이 분명하기 때문에 해야만 했던 과거의 상황과 더불어 실제로 그 일을 했다는 사실을 내포합니다. 반면, 불완료과거 tenía que는 해야만 했다는 과거의 상황만을 묘사하기 때문에 그 행위가 실제로 이루어졌는지는 알 수 없습니다.

2 단순과거와 현재완료의 차이

단순과거는 실제적이든 심리적이든 거리감이 먼 과거(pasado lejano)를 나타낼 때 사용합니다. 반면, 현재완료는 과거로 해석되더라도 현재와 밀접한 과거이기 때문에 거리감이 가까운 과거(pasado cercano)라고 할 수 있습니다. 따라서 단순과거는 주로 과거를 나타내는 부사(구)가 주로 쓰이고, 현재완료는 주로 현재와 관련이 있는 부사(구)와 잘 어울립니다.

En 1995 la UNESCO designó el 23 de abril como Día Internacional del Libro. 1995년에 유네스코에서 4월 23일을 책의 날로 지정하였다.

El sábado pasado detuvieron a una famosa por conducir borracha.
지난 토요일에 한 유명인(연예인)이 음주 운전으로 체포되었다.

Me fue fácil comprar entradas para el concierto.
콘서트 티켓을 구매하는 것은 나에게 어렵지 않았다.

비교 Me ha sido fácil comprar entradas para el concierto. → 거리감 차이(가까운 과거)

Hoy **ha sido** un día muy ocupado; **me he levantado** temprano y he currado todo el día. 오늘은 매우 바쁜 날이었습니다. 일찍 일어나서 하루 종일 일을 했어요.

Hemos veraneado en Panamá este año. 올해 우리는 파나마에서 여름휴가를 보냈다.

El juez ya **ha dictado** una sentencia de muerte para el culpable. 판사는 그 죄인에게 이미 사형을 선고했다.

Nunca **he ido** a Dinamarca en mi vida. 나는 살면서 한 번도 덴마크에 가본 적이 없다.

스페인과 달리 중남미에서는 현재완료보다 단순과거를 주로 더 많이 사용합니다.

¿Hoy no comiste nada? 오늘 너는 아무것도 안 먹었니?
[비교] ¿Hoy no has comido nada?

Salí con Jaime esta semana. 이번 주에 나는 하이메와 데이트를 했다.
[비교] He salido con Jaime esta semana.

Todavía no llegó el cumpleañero. 생일의 주인공이 아직 도착하지 않았다.
[비교] Todavía no ha llegado el cumpleañero.

말하는 이의 심리적 거리감에 따라서 단순과거를 사용할 수도 있고 현재완료를 사용할 수도 있습니다. 현재완료를 사용한다면 말하는 이가 그 사건을 아직까지도 가깝게 느끼고 있다는 것을 알 수 있습니다. 반대로, 단순과거를 사용한다면 어떠한 사건이 과거에 일어났고 이제는 심리적 거리감이 멀다는 것을 나타낼 수 있습니다.

Ha muerto mi perro. 나의 강아지가 죽었다.
[비교] Murió mi perro.

He visto a un chico raro. 나는 이상한 한 남자를 보았다.
[비교] Vi a un chico raro.

- **Vocabularios** parque de atracciones *m.* 놀이공원　transmitir 중계하다　en directo 생중계로　resignarse a ... ~을 그만두다　lastimarse 다치다　Suecia *f.* 스웨덴　incendio *m.* 화재　establecimiento *m.* 시설, 기관　tipo test *m.* 객관식 시험　pregunta de desarrollo *f.* 주관식 문제　banquete *m.* 연회　a toda velocidad 전속력으로　designar 지정하다　currar 일하다 (스페인에서 사용)　veranear 여름휴가를 보내다　dictar 선고하다　sentencia de muerte *f.* 사형　Dinamarca *f.* 덴마크　cumpleañero/a 생일인 사람

> **연습 문제**

1 주어진 동사를 문맥에 맞게 단순과거나 불완료과거로 변화시켜보세요.

(1) Ayer _____ (hacer) muy buen tiempo; decidí ir de picnic.

(2) _____ (yo, ver) a un ladrón. Era alto y tenía bigote.

(3) Iba a saludarte, pero no _____ (yo, poder). Es que tenía mucha prisa.

(4) Leo _____ (estar) de pie en el mismo lugar durante 5 horas.

(5) ¿Qué tal _____ la fiesta? – _____ maravillosa, pero bulliciosa.

(6) ¿Pero tú _____ (estar) aquí? ¡No lo sabía!

(7) Nadie vino al final a la conferencia, así que no _____ (yo, poder) hacer nada.

(8) ¿Fuiste a la boda de Manuela? – _____ (yo, tener) que ir, pero se me olvidó.

(9) Su amigo no sabía que hoy no había clase. – Uy, _____ (yo, tener) que habérselo dicho.

(10) El jefe nos dijo que hoy _____ (venir) un cliente muy especial.

• **Vocabularios** • bigote *m.* 콧수염   bullicioso 소란스러운, 사람이 매우 많은   hacer senderismo 등산하다
averiguar 조사하다

(11) El otro día _____ (yo, soñar) con mi mujer.

(12) En el momento en que _____ (yo, saber) la verdad, me sorprendí mucho.

(13) No _____ (yo, saber) que Aroa era italiana hasta que me habló en italiano.

(14) Aquella misma mañana ella _____ (decidir) confesar todo a su novio.

(15) Había demasiada gente en la heladería, de modo que no _____ (nosotros, poder) comprar helado.

(16) Cuando _____ (yo, ser) pequeño, me _____ (gustar) hacer senderismo.

(17) ¿A quién _____ (tú, estar) esperando en la parada de autobús?

(18) Señor Rodríguez, _____ (nosotros, querer) pedirle un favor.

(19) Como no _____ (yo, tener) suficiente dinero, no _____ (ir) al concierto.

(20) _____ (yo, poder) averiguar quién era el que me mintió, pero no quería hacerlo.

연습 문제

2 문법적으로 올바른 문장은 O, 틀리거나 어색한 문장은 X 표시 후 바르게 고쳐보세요.

(1) Mientras estuve en Guanajuato, conocí a mi mujer.　　　( )

(2) Cuando llegó a casa, sonó el teléfono de repente.　　　( )

(3) Siempre te he echado mucho de menos.　　　( )

(4) Nunca sabrás que siempre te he echado de menos.　　　( )

(5) Anoche robaban una obra muy costosa.　　　( )

(6) El tren ha partido hace poco y era el último tren de hoy.　　　( )

(7) Aquel día estaba tan borracho que me caí al suelo.　　　( )

(8) Perdóname, ¿cuál era tu nombre? No me acuerdo bien.　　　( )

(9) Ignacio estaba en Quito de lunes a viernes.　　　( )

(10) Mi novia pudo elegir cualquier cosa, pero no eligió nada.　　　( )

3 제시된 문장을 작문해 보세요.

(1) 내 남동생이 시험에 합격했다는 것을 알았을 때 나는 너무 기뻤다. (saber)

→ _____

(2) 영화를 보다가 그만 잠이 들어버렸다. (quedarse dormido)

→ _____

(3) 우리 아버지는 담배를 끊으신 지 10년이 넘었고 지금은 매우 건강하시다.

→ _____

(4) 어렸을 때 우리는 자주 싸우곤 했지만 지금은 잘 지낸다. (discutir, llevarse bien)

→ _____

(5) 우리가 어디를 가든 페르난도는 그의 차로 우리를 데려다준다.

→ _____

스페인 역사상 가장 중요한 해, 1492년의 의미

스페인 역사에서 가장 중요한 해를 꼽자면 단연 1492년을 들 수 있습니다. 1492년은 스페인 사람들에게 있어 아주 중요한 사건들이 한꺼번에 일어난 해입니다. 우선 가장 중요한 사건 중 하나가 바로 '콜럼버스의 신대륙 발견'입니다. 1492년 10월 12일, 3척의 배를 이끌고 항해를 하던 콜럼버스는 마침내 자신이 인도 또는 일본이라고 믿고 있던 땅에 도착하지만, 이 땅은 오늘날 아메리카 대륙 바하마 군도의 '사마나 케이Cayo Samaná'라는 섬이었습니다. 콜럼버스는 이 섬에 '산살바도르San Salvador'라는 이름을 붙이고 스페인 왕실의 영토라고 선언했습니다. 새로운 항로를 발견한 이후 콜럼버스는 본격적으로 원주민을 개종시키고 식민 사업을 시작했습니다.

두 번째 사건은 이슬람 세력의 오랜 지배를 받던 그라나다가 함락되면서 770년간 계속되었던 스페인의 영토를 되찾으려는 국토 수복 운동인 '레콩키스타Reconquista'가 대장정의 막을 내리게 되었다는 것입니다. 마지막까지 아랍의 세력을 떨쳤던 그라나다

함락을 끝으로 약 800년간의 이슬람 통치가 종식되었습니다. 이곳의 이슬람 궁전인 알람브라 궁전은 현재까지도 스페인의 대표 관광지로 손꼽히고 있습니다. 이슬람 양식으로 이루어진 건축물들을 보면 당대 이슬람 세력의 위엄을 느낄 수 있습니다.

마지막으로 1492년은 최초의 스페인어 문법서가 발간된 해이기도 합니다. 1492년 8월 18일, 스페인의 언어학자 '안토니오 데 네브리하 Antonio de Nebrija'가 카스티야 왕국에서 쓰는 스페인어를 체계화하여 '카스티야어 문법서 Gramática de la Lengua Castellana'를 출판했습니다. 이 전에는 문법서가 존재하지 않았기 때문에 어떤 것이 문법적이고 올바른 문장인지에 대한 기준이 모호했습니다. 그래서 여러 왕국 중, 카스티야 왕국의 스페인어를 기준으로 문법서를 만들게 되었고 이는 오늘날의 스페인어에 큰 기여를 하게 되었습니다. 최초의 문법서 덕분에 당시 스페인은 국토와 언어를 통일하여 스페인 제국으로의 도약을 위한 기반을 다지게 되었습니다.

Lección 5

El aire acondicionado ha sido dañado por un niño travieso.

에어컨이 장난꾸러기 아이에 의해 망가졌어요.

학습할 내용

1. 스페인어의 수동 표현 비교

코르도바 로마 다리 El Puente Romano de Córdoba

> **회화 익히기** 🎧 05

<Dos vecinos están hablando en una cafetería.>

Victor Marta, ¿cómo te van las cosas estos días?

Marta Bueno, todo va muy bien. Ahora estoy organizando las vacaciones con mis hijos. Antes iba con mis padres, pero ahora, con mis hijos.

Victor Seguro que estás llena de emociones. ¿Adónde ibas con tus padres?

Marta Íbamos a las playas de Galicia. A mi padre le gustaba poner la tienda delante de una buena playa. Y a mi madre no le gustaban los lugares ruidosos, así que íbamos a menudo a unas playas bastante tranquilas.

Victor A mis padres también les encanta tomar el sol. La verdad es que ahora están en la playa. Iban a asistir a la reunión de vecinos, pero ya sabes que se ha pospuesto.

Marta Es verdad. Lo he escuchado hace poco. Elisa me ha dicho que el aire acondicionado de la sala ha sido dañado por un niño travieso.

Victor Ah, no lo sabía. Entonces, ¿todavía está roto? Bueno, con este tiempo tan caluroso no podemos hacer nada sin el aire acondicionado.

Marta Lo mismo digo. Pues, lo único que no me gustaba durante las vacaciones con mis padres era que a mis padres les encantaba tanto la playa que no podía ir a ningún otro lado.

Victor ¡Ahora con tus hijos las vacaciones serán más variadas!

Marta Claro. Ellos deciden si quieren playa o montaña y a veces vamos de camping, otras veces vamos a un hotel.

Victor ¡Qué bien! Estoy seguro de que en cualquier caso serán unos días inolvidables para ti y para tus hijos.

Marta Sí, también lo espero. Bueno, tengo que irme ya. ¡Nos vemos!

〈두 명의 이웃이 카페테리아에서 대화를 나누고 있습니다.〉

빅토르 마르따, 요즘 잘 지내고 있죠?
마르따 잘 지내고 있죠. 지금 자식들이랑 휴가 갈 계획을 세우고 있어요. 예전에는 부모님이랑 가곤 했는데 이제는 아이들이랑 가네요.
빅토르 감회가 새로우시겠어요. 부모님이랑은 어디를 가곤 했어요?
마르따 갈리시아에 있는 해변에 가곤 했어요. 저희 아버지는 괜찮은 해변 앞에서 텐트 치는 걸 좋아하셨거든요. 저희 어머니는 시끄러운 곳을 싫어하셔서 조용한 해변으로 자주 가곤 했어요.
빅토르 저희 부모님도 일광욕을 정말 좋아하세요. 사실 지금도 해변에 계세요. 이웃 모임에 참석하려고 하셨는데 아시다시피 모임이 연기가 되어서요.
마르따 맞아요. 방금 전에 들었어요. 장난꾸러기 남자아이가 에어컨을 망가뜨렸다고 엘리사가 말해줬어요.
빅토르 아, 몰랐어요. 그러면 지금도 망가진 상태인가요? 이렇게 더운 날씨에는 에어컨 없이 아무것도 못 하죠.
마르따 맞아요. 음, 부모님이랑 보낸 휴가 동안에 제가 유일하게 싫었던 건 부모님이 해변을 너무 좋아하셔서 다른 곳은 가보지도 못했다는 거예요.
빅토르 이제 아이들이랑 가면 다양한 휴가를 즐기겠네요!
마르따 그렇죠. 해변이든 산이든 가고 싶은 곳을 아이들이 정하고 가끔은 캠핑도 가고, 호텔에서도 보내보고 그래야죠.
빅토르 좋네요! 뭐든 간에 마르따 씨와 아이들에게 잊지 못할 날들이 될 거예요.
마르따 네, 저도 그러길 바라요. 이제 가봐야겠어요. 다음에 봐요!

Vocabularios y expresiones

Vocabularios

- tienda *f.* 텐트
- travieso/a 장난기 많은, 개구쟁이인
- posponer 연기하다, 미루다
- inolvidable 잊을 수 없는

Expresiones

- estar lleno/a de emociones 감회가 새롭다 (여러 감정이 든다)
- poner la tienda 텐트를 치다
- ir de camping 캠핑 가다

문법 익히기

1 스페인어의 수동 표현 비교

스페인어에서 수동을 나타내는 표현은 크게 3가지(동작수동, 상태수동, 수동의 se)로 구분할 수 있습니다. 3가지 표현 모두 각각의 쓰임과 특징을 가지고 있기 때문에 상황에 따라 구분해서 사용해야 합니다.

• 동작수동

$$\text{ser + 과거분사 + por 행위자}$$

동작수동은 행위자에 의해 어떠한 '동작'이 행해짐을 표현하는 구문입니다. 행위자가 중요한 구문이므로 일반적으로 행위자를 밝혀주어야 하며 과거분사는 주어에 반드시 성과 수를 일치해 주어야 합니다. 현재시제보다 단순과거나 현재완료에 주로 사용되며 동사는 반드시 목적어가 필요한 타동사여야 합니다. 또한, 이 구문은 tener, haber, poder와 같은 동사와는 어울리지 않으며 재귀나 상호의 se가 쓰인 구문과도 함께 사용할 수 없습니다.

Juliana ha cerrado la puerta.
훌리아나가 그 문을 닫았다.

→ La puerta ha sido cerrada por Juliana.
그 문은 훌리아나에 의해 닫혔다.

Antoni Gaudí construyó la Sagrada Familia.
안토니 가우디는 성가족(사그라다 파밀리아) 성당을 건설했다.

→ La Sagrada Familia fue construida por Antoni Gaudí.
성가족 성당은 안토니 가우디에 의해 건설되었다.

El juez condenó al acusado como cómplice del delito.
판사는 그 용의자를 범죄의 공범으로 판결을 내렸다.

→ El acusado fue condenado como cómplice del delito por el juez.
그 용의자는 판사에 의해 범죄의 공범으로 선고되었다.

> **¡OJO!**
>
> ● 동작수동에서 행위자를 반드시 기재해야 하나요?
>
> 동작수동은 그 동작이 어떤 행위자에 의해 행해지는지가 중요한 구문입니다. 따라서 동작수동은 「por+행위자」를 밝혀주는 것이 일반적입니다. 하지만, 행위자를 굳이 밝히지 않아도 되는 상황이거나 누구나 행위자를 아는 경우에는 생략 가능합니다.
>
> El Presidente actual fue elegido en 2020.
> 현 대통령은 2020년에 당선되었다.
>
> El seminario ha sido inaugurado hace poco.
> 세미나가 방금 개최되었다.

• 상태수동

$$\boxed{\text{estar + 과거분사}}$$

상태수동은 어떠한 동작이 있고 나서의 '상태'를 나타낼 때 사용합니다. 주어가 어떠한 동작의 결과로 어떠한 상태에 머물게 되었음을 보여줄 때 사용합니다. 동작수동과 달리 행위자가 중요하지 않은 구문이기 때문에 일반적으로 행위자를 명시하지 않습니다. 또한, 과거분사는 형용사화(化)되고 주어에 성과 수를 일치시켜야 합니다.

La puerta está cerrada.
문이 닫혀있다. (누가 닫았는지 중요 X)

Esta tienda nunca está abierta por la mañana.
이 가게는 아침에 절대로 열려있지 않다. (이 가게는 아침에는 절대 문을 열지 않는다.)

La selectividad está convocada desde el pasado martes.
대학교 선발시험이 지난 화요일부터 공지되어 있다.

Ya está arreglado el lavavajillas.
식기세척기가 이제 다 수리가 되었다.

・Vocabularios・ condenar 선고하다, 판결을 내리다   acusado/a 피의자, 용의자   cómplice m.f. 공범, 가담자
delito m. 범죄   inaugurar 개최하다   selectividad f. (대학교) 선발시험 (스페인에서 사용)

문법 익히기

> **¡OJO!**
>
> seguir, llevar, quedar(se)와 같은 동사와 함께 쓰여도 상태수동을 나타낼 수 있습니다.
>
> Ayer dormí muy bien, pero sigo cansado todavía.
> 나는 어제 잠을 잘 잤지만 아직도 피곤하다. [진행적 의미]
>
> Marina y yo llevamos casados dos años.
> 마리나와 나는 결혼한 지 2년째이다. [진행적 의미]
>
> Me he quedado dormida en el sillón.
> (팔걸이) 의자에서 잠이 들어버렸다.
>
> 시제에 유의하며 다음 문장의 차이를 생각해 보세요.
>
> La ventana es abierta por Julián.   창문은 훌리안에 의해 열린다.
> → La ventana estará abierta.   창문이 (곧) 열린 상태일 것이다.
>
> La ventana ha sido abierta por Julián.   창문은 훌리안에 의해 열렸다.
> → La ventana está abierta.   창문이 열린 상태다.
>
> La ventana había sido abierta por Julián.   창문은 훌리안에 의해 열렸었다.
> → La ventana estaba abierta.   창문은 열린 상태였다.

• 수동의 se

> se + 동사 + 주어 (주어는 문두에 위치 가능)

한국어에서 피동접사(-이/히/리/기)를 붙여 수동의 의미를 가지는 문장을 만드는 것처럼 스페인어에서는 동사에 se를 붙여 수동문을 만들 수 있습니다. Lección 2 참고

수동의 se는 '재귀수동(pasiva refleja)'이라고도 불리며 일반적으로 행위자에 관심을 두지 않기 때문에 행위자를 밝히지 않아도 됩니다. 보통 주어는 동사 뒤에 위치하지만 문두에 위치해도 문법적으로 틀리지 않습니다. 주어가 주로 '사물'일 때 사용하며 동사는 언제나 목적어가 필요한 타동사여야 합니다. 동사의 인칭은 3인칭 단/복수로 나타납니다. 또한, 동작수동과 달리 현재시제로도 많이 사용되는 구문입니다.

Se alquilan pisos.
아파트가 임대됩니다. (아파트를 임대합니다.)

Al final se aplazó la reunión.
결국 회의가 연기되었다.

Se han roto las negociaciones con los ladrones.
도둑들과의 협상이 결렬되었다.

No se venden productos alimenticios en esta tienda.
(= Los productos alimenticios no se venden en esta tienda.)
이 가게에서는 식료품이 팔리지 않는다. (식료품을 팔지 않는다.)

> **¡OJO!**
>
> ● 목적격 표시자 a의 유/무에 따른 수동의 se와 비인칭의 se 구별
>
> 수동의 se와 비인칭의 se를 구분하는 방법 중 하나는 문장 내 목적격 표시자 a의 유/무를 파악하는 것입니다. 사람, 동물, 의인화된 사물과 같이 살아있는 생명체를 표시해 주는 목적격 표시자 a가 있는 문장은 수동의 se로 해석될 수 없고 문법적으로 비인칭의 se로만 해석될 수 있습니다.
>
> **Se eligió al líder.** (비인칭) 지도자를 선출했다.
> **Se criticaba a la jefa.** (비인칭) 사장을 비난하곤 했다.

• **Vocabularios** **sillón** *m.* (팔걸이) 의자   **aplazar** 연기하다, 미루다

연습 문제

1 ser나 estar를 활용하여 수동문을 만들어보세요.

(1) Este edificio _____ construido por el arquitecto.

(2) Es mejor quedarte aquí; la salida ya _____ cerrada.

(3) Lamentablemente su solicitud no _____ aceptada por el tribunal.

(4) ¿El problema tuyo todavía no _____ resuelto?

(5) Los alpinistas _____ rescatados por un socorrista.

(6) La mayoría de las películas _____ censuradas en aquel entonces.

(7) Este callejón _____ cerrado por la gran nevada.

(8) Señora, su actitud podría _____ criticada por todos los invitados.

(9) Marisol _____ respetada finalmente por su jefe.

(10) Este libro _____ escrito por Gabriel García Márquez.

• Vocabularios • tribunal *m.* 법원   alpinista *m.f.* 등산가   rescatar 구조하다   socorrista *m.f.* 구조 대원
censurar 검열하다   callejón *m.* 좁은 길

2 수동의 se를 활용하여 문장을 바꿔보세요.

(1) La catedral fue reconstruida por el ayuntamiento.

   → _____

(2) Mi padre alquila dos pisos en Madrid.

   → _____

(3) Mi secretario ha enviado la carta.

   → _____

(4) Esas obras fueron expuestas por tres meses.

   → _____

(5) El director rechazó el nuevo plan de ventas.

   → _____

연습 문제

3 문법적으로 올바른 문장은 O, 틀리거나 어색한 문장은 X 표시 후 바르게 고쳐보세요.

(1) Todo el mundo se quiere vivir una vida feliz.　　　　　（　）

(2) No se aceptaban las opiniones de los nuevos empleados.　（　）

(3) Alguno de nosotros no fue respetados por algunas razones.　（　）

(4) Tras el juicio, se consideró culpables a los detenidos.　　（　）

(5) Hace unos años se vendían estas cosas a un precio muy elevado. （　）

(6) En algunos hospitales no se permitían visitas a causa de la pandemia.　　　　　　　　　　　　　　　　　　　　（　）

(7) María y yo nos hemos quedado agotado después del trabajo extra.　　　　　　　　　　　　　　　　　　　　　　（　）

(8) Mi mujer sigue resfriada desde el viernes pasado.　　　（　）

(9) Todos los libros se han devolvido.　　　　　　　　　　（　）

(10) Tengo escritas diez cartas.　　　　　　　　　　　　　（　）

• Vocabularios • nevada *f.* 폭설　　detenido/a 구금자

4 제시된 문장을 작문해 보세요.

(1) 나무 몇 그루가 벌목되었다. (talar)

→ _____

(2) 테러로 부상을 입은 자들이 전 세계의 의사들로 인해 모두 치료되었다. (los heridos, el atentado)

→ _____

(3) Alex의 제안은 언제나 그의 동료들로부터 거절당했다.

→ _____

(4) 8월에 출간된 이 잡지는 5유로에 판매가 된다.

→ _____

(5) 티켓이 이미 매진되었지만 아직도 그 콘서트에 가고 싶어 하는 사람들이 많다. (agotado)

→ _____

스페인의 복권 문화, 크리스마스 복권 El Gordo

스페인은 복권의 나라라고 해도 과언이 아닐 정도로 대다수의 국민이 복권 문화를 즐기며 살아가고 있습니다. 이 때문에 로또식, 추첨식, 스포츠 복권 등 다양한 종류의 복권이 있으며, 그중에서도 스페인의 국립 복권 중 하나인 '엘 고르도El Gordo'는 크리스마스 시즌인 매년 12월 22일에 추첨합니다. '뚱보'라는 뜻을 가진 이 복권은 이름답게 어마어마한 당첨금을 가진 복권 중 하나이며 총금액을 많은 당첨자가 나누어 가지게 됩니다. 엘 고르도의 총상금은 한화로 약 3조 원이며, 이 중 1등 당첨금은 40만 유로(한화 약 5억 원)입니다.

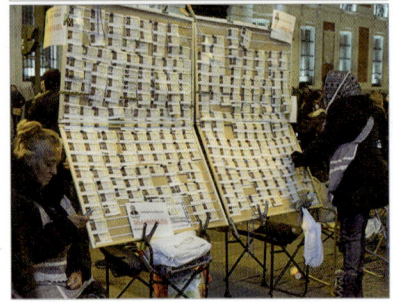

이 복권의 특징은 다른 복권과 달리 하나의 복권을 나누어 가질 수 있다는 것입니다. 시리즈Serie 라고 불리는, 하나에 200유로인 복권 1세트를 10명의 사람이 나누어 구매한 뒤 당첨금을 나누어 가집니다. 각 개인은 200유로의 10분의 1 가격인 20유로에 해당하는 10개의 낱장인 데시모décimo를 구매할 수 있습니다. 스페인 사람들은 보통 가격 부담이 덜한 데시모를 구매하고 구매한 복권이 1등 당첨이 되면 40만 유로를 10등분 한 4만 유로를 상금으로 얻게 됩니다.

엘 고르도는 0부터 9까지 5자리의 숫자로 이루어진 복권이며 한 번호당 180개의 시리즈가 존재합니다. 하나의 시리즈는 열 장의 데시모로 이루어져 있으니 똑같은

번호가 1,800개가 있는 것입니다. 1812년부터 시행된 이 복권은 매년 7월 첫째 주부터 12월 21일까지 스페인 전역에서 구매할 수 있으며 자신이 구입한 복권을 복사하여 가족이나 친구에게 나누어 주는 사람들도 있습니다. 만약 당첨된다면 당첨금을 나누겠다는 의미로 스페인 사람들의 온정을 느낄 수 있는 독특한 연말 선물이라고 할 수 있습니다.

엘 고르도의 당첨자 추첨 방식 또한 독특합니다. 매년 12월 22일 아침, 약 3시간 동안 진행되는 복권 추첨 방송을 스페인 전역에서 생중계로 볼 수 있습니다. 금속으로 된 둥그런 철창 안에 숫자가 적힌 조그마한 나무 구슬을 뽑아서 추첨하는데, 공정성을 위해 아이들을 추첨에 참여시키고 있습니다. 2명의 아이 중 한 명은 당첨 숫자를, 다른 한 명은 당첨 금액을 특정한 음에 맞추어 노래를 부르듯이 추첨합니다.

대다수의 스페인 국민들은 복권 문화가 사행심을 조성한다고 생각하지 않고 오히려 복권 당첨을 신이 주신 은총이라고 생각합니다. 혹여나 당첨되지 않더라도 다른 사람을 도울 수 있다는 생각을 가지고 있기 때문에 복권 문화를 부정적으로 보지 않습니다. 스페인에서 복권 문화가 지속적으로 성행할 수 있는 이유는 바로 이러한 스페인 사람들의 인식 때문입니다.

Lección 6

Me habría gustado acompañarle.

그와 같이 갔다면 좋았을 텐데.

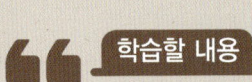 

학습할 내용

1. 가정미래시제(futuro hipotético)의 용법
2. 단순미래시제와 가정미래시제의 차이
3. 미래완료와 가정미래완료

콘수에그라 풍차 Molinos de viento de Consuegra

> **회화 익히기**

<Dos amigos están hablando de su experiencia de crucero.>

Hugo　Martina, ¡qué morena estás! ¿Dónde has ido de vacaciones?
Martina　Yo quería viajar por Suecia, pero mi marido quería hacer un crucero por el Mediterráneo, así que al final he decidido seguir su deseo.
Hugo　Pero me imagino que habrán sido unas vacaciones extraordinarias para ti y para tu marido, ¿no?
Martina　Claro que sí. Nunca en mi vida había hecho un crucero y ha sido una experiencia inolvidable.
Hugo　Ay, ¡qué envidia! Ahora me dirás qué ciudades habéis visitado. Es que yo también estoy planeando viajar en crucero con mi novia.
Martina　¿De verdad? Pues, mira, cogimos el barco en Barcelona. Hicimos la primera escala en Cannes, luego fuimos a Génova, a Roma, a Atenas y a Turquía. ¡Dos semanas de maravilla!
Hugo　¡Dos semanas! ¿Y cómo era la vida en el barco? ¿No era monótona?
Martina　Hombre, ¡qué va! Había actividades durante todo el día y para todos los gustos. De día, si no tienes visitas turísticas, puedes descansar en la hamaca, nadar en la piscina, tomar el sol, … todo lo que quieras. Ah, y deberías disfrutar de una cena de lujo con música bien romántica en directo.
Hugo　¡Dios mío! De hecho, hace unos años un amigo mío me propuso viajar juntos en crucero, pero estaba tan ocupado que no tuve más remedio que rechazarlo. Si hubiera tenido tiempo, me habría gustado acompañarle.
Martina　Bueno, ya puedes hacerlo con tu novia. Oye, fíjate cómo será la cosa, que hemos pensado en celebrar el cumple de mi mamá haciendo todos juntos un crucero por las islas Canarias el año que viene.
Hugo　¡Qué guay, tía! ¡Cumple en un crucero! Será el mejor cumple en su vida sin duda alguna.

〈두 친구가 크루즈 여행 경험에 대해 이야기하고 있습니다.〉

우고　　마르띠나, 너 되게 탔다! 휴가로 어디 갔다 왔어?

마르띠나　나는 스웨덴에 가고 싶었는데 남편이 지중해 크루즈 여행을 하고 싶어 해서 결국 남편이 원하는 대로 하기로 결정했어.

우고　　그런데 너와 너의 남편에게 특별한 휴가였을 것 같은데, 그렇지 않아?

마르띠나　당연하지. 태어나서 한 번도 크루즈 여행을 해본 적 없었고 잊지 못할 경험이 되었어.

우고　　우와, 너무 부럽다! 어느 어느 도시에 방문했는지 말해줘야 해. 나도 여자친구랑 크루즈 여행을 계획하고 있거든.

마르띠나　정말? 일단 바르셀로나에서 배를 탔어. 처음 경유는 칸에서 했고 그다음에 제노바, 로마, 아테네 그리고 튀르키예를 경유했어. 환상적인 2주였지!

우고　　2주나! 배에서의 생활은 어땠어? 따분하지 않았어?

마르띠나　야, 무슨 소리야! 모두의 취향에 맞는 액티비티가 하루 종일 있었어. 낮에 관광 일정이 없으면 해먹에서 쉴 수도 있고 수영장에서 수영도 할 수 있고 일광욕도 하고 … 원하는 건 다 할 수 있어. 아, 그리고 라이브로 공연하는 로맨틱한 음악과 함께 호화로운 저녁 식사를 즐겨야 해.

우고　　세상에! 사실 몇 년 전에 내 친구 중 한 명이 크루즈 여행을 같이 가자고 제안했는데 너무 바빠서 거절할 수밖에 없었어. 시간이 있었더라면 그와 같이 갔다면 좋았을 텐데.

마르띠나　이제 네 여자친구와 갈 수 있잖아. 야, 어떤지 한번 들어봐, 우리 엄마 생일을 축하하러 내년에 다 같이 카나리아스 섬으로 크루즈 여행을 갈까 생각하고 있어.

우고　　야, 대박이다! 크루즈에서의 생일이라니! 어머니의 인생에서 분명히 최고의 생신이 될 거야.

Vocabularios

| □ Suecia *f.* 스웨덴 | □ monótono/a 단조로운 |
| □ escala *f.* 경유, 규모, 단계 | □ hamaca *f.* 해먹(침상으로 쓰는 그물) |

Expresiones

| □ hacer un crucero 크루즈 여행을 하다 | □ No tener más remedio que + 동사원형 ~할 수밖에 없다 |

문법 익히기

1 가정미래시제(futuro hipotético)의 용법

스페인어의 가정미래시제는 상황과 문맥에 따라 과거, 현재, 미래의 의미를 모두 가지고 있는 시제이기 때문에 스페인어 학습자를 가장 헷갈리게 하는 시제 중 하나입니다. 영어의 'would, could, should, might'에 상응하는 시제로서 형태적으로 과거와 관련 있는 시제입니다. 조건법, 가능법 등 가정미래시제를 부르는 말이 다양하게 존재하지만 가정미래시제는 직설법(modo indicativo) 종류 중 하나이므로 본 책에서는 가정미래시제(futuro hipotético)라고 부르고자 합니다.

• 과거 추측 (~였을 것이다)

과거 관련 시제인 가정미래시제의 가장 기본이 되는 뜻 중 하나로 과거의 상황에 대한 추측을 할 때 사용합니다. 가정미래시제 대신 「probablemente+불완료과거」로 바꿔쓸 수 있습니다.

¿Qué hora sería cuando Marisol salió de casa?

– Serían las 2 en punto.

(= Probablemente eran las 2 en punto.)

마리솔이 집에서 나갔을 때가 몇 시였을까? – 2시 정각이었을 거야.

> **비교** ¿Qué hora será ahora? – Serán las 2 en punto.
> 지금 몇 시일까? – 2시 정각일 거야.

Iker no vino ayer a la reunión; tendría mucho que hacer.

(= probablemente tenía mucho que hacer.)

이케르는 어제 회의에 오지 않았다. 해야 할 것이 많았을 것이다.

Mi hijo se quedaría en casa cuando estaba yo en la oficina.

(= Probablemente mi hijo se quedaba en casa …)

내 아들은 내가 사무실에 있었을 때 집에 있었을 것이다.

• **Vocabularios** dentro de (시간) ~후에, (장소) ~안에   carné de identidad 신분증

- **과거에서 본 미래** (~할/일 거라고)

기준 시점이 과거이며 과거 시점에서 바라보았을 때, 미래를 나타낼 때 사용합니다. 가정미래시제 대신 '불완료과거시제'로 대체할 수 있습니다.

Me dijo que regresaría dentro de unas horas.
(= Me dijo que regresaba …)
몇 시간 후에 돌아올 거라고 나에게 말했다.

Les prometí a mis padres que aprobaría el examen cuanto antes.
(= Les prometí a mis padres que aprobaba …)
나는 부모님에게 가능한 한 빨리 시험에 합격할 거라고 약속했다.

Me preguntó si podría entrar de nuevo a mi despacho.
(= Me preguntó si podía …)
나의 사무실에 다시 들어갈 수 있는지 내게 물었다.

> **¡OJO!**
> 기준 시점이 현재(현재완료 포함)라면 현재 시점에서 바라본 미래는 단순미래시제를 사용합니다.
> Me dice que vendrá muy pronto.
> 곧 돌아올 거라고 내게 말한다.
> Le he prometido que no fumaré nunca más.
> 나는 다시는 흡연하지 않겠다고 약속했다.

- **예의적 표현** [완곡한 표현]

불완료과거와 더불어 예의(cortesía)를 나타낼 때 가정미래시제를 사용할 수 있습니다.

Querría hacerle una pregunta.
당신에게 질문 하나를 하고 싶습니다.

¿Podrías decirme cómo eres tú?
네가 어떤 사람인지 내게 말해줄 수 있니?

문법 익히기

¿Te importaría mostrarme el carné de identidad?
제게 신분증 좀 보여주실 수 있나요?

Me gustaría ir contigo, pero tengo otra cita.
너와 같이 가고 싶지만, 나는 다른 약속이 있어.

• **충고** (~해야 해)

영어 구문 중 'You should 동사원형'에 해당하는 표현으로 상대방에게 충고(consejo)를 할 때 사용합니다. 보통 동사 deber와 빈번히 사용됩니다.

¿Qué debería hacer en este caso?
– Pues, deberías decírselo directamente.
이런 경우에 어떻게 해야 해? – 솔직하게 그것을 말해야 해.

Deberíais hincar los codos si queréis lograr vuestros sueños.
꿈을 이루고 싶다면 너희는 열심히 공부해야 해.

Deberíamos guardar silencio en la biblioteca.
도서관에서 우리는 조용히 해야 한다.

• **가정으로서의 미래** (hipótesis)

언젠가 일어날 수도 있지만 아직 일어나지 않은 막연한 미래의 일을 가정할 때 사용합니다. 말하는 이의 의도나 문맥에 따라 단순미래시제와 구분됩니다.

Sé que harías cualquier cosa por mí. (en caso de necesitar ayuda)
나를 위해서 네가 무엇이든 할 거라는 걸 난 알아. (도움이 필요한 상황이라면)

Estaría todavía mejor con menos sal. (ya le puso mucha sal a la comida)
소금이 덜 들어갔다면 훨씬 더 좋을 텐데. (이미 음식에 소금을 많이 넣었다)

Estamos seguros de que nuestro profesor siempre nos ayudaría.
(en caso de pasar algo urgente)
우리는 선생님이 우리를 도와주실 거라는 걸 확신해. (응급한 일이 생긴다면)

> **¡OJO!**
>
> 미래에 일어날 가능성이 높다고 판단되는 경우(화자가 확신을 하는 경우) 단순미래시제를 사용합니다.
>
> Ya no puedo caminar más. Seguro que mi marido vendrá a ayudarme.
> 나는 더는 걸을 수 없다. 내 남편이 나를 도와주러 올 것이다.
>
> No podrás recibir la beca si sales con amigos todos los días.
> 네가 친구들과 매일 놀러 나간다면 장학금을 받지 못할 것이다.

• 현재나 미래에 대한 약한 추측

과거 추측뿐만 아니라 단순미래시제보다 가능성은 낮지만 현재나 미래에 대한 추측을 할 때 사용할 수 있습니다. 주로 동사 poder와 함께 사용합니다.

¿Cuántos años tendrá él? ¿Tendrá treinta y pico?

– No sé, podría ser.

그는 몇 살일까? 30살 좀 넘었을까? – 몰라, 그럴 수도 있겠네.

No podrían aceptar tu solicitud ya que son muy estrictos.

그들은 매우 엄격해서 너의 신청서를 받아주지 않을 수도 있어.

Ella podría ser la próxima presidenta.

그녀가 차기 대통령이 될 수도 있다.

• 양보의 의미 (비록 ~지만)

접속사 「Aunque+절(주어+동사)」의 의미를 대신하여 미래시제 또는 가정미래시제를 사용할 수 있습니다. 현재(현재완료)시제일 때는 단순미래(단순미래완료)시제를, 과거(과거완료)시제일 때는 가정미래(가정미래완료)시제를 사용합니다.

Será muy lista, pero no ha aprobado el examen DELE.

(= Aunque es muy lista, no ha aprobado el examen DELE.)

똑똑하지만 델레 시험에 합격하지는 못했어.

• **Vocabularios** hincar los codos 열심히 공부하다   todavía 훨씬 [비교급 강조]

문법 익히기

Sería tacaño, pero me regalaba cosas cada dos por tres.
(= Aunque era tacaño, me regalaba cosas cada dos por tres.)
구두쇠였는데 나에게는 자주 선물을 해줬어.

Habrás estudiado mucho, pero no pareces nada cansado.
(= Aunque has estudiado mucho, no pareces nada cansado.)
공부를 많이 했는데도 너는 전혀 피곤해 보이지 않아.

Llegaríamos bastante tarde, pero pudieron entrar a la sala de conferencia.
(= Aunque llegaron bastante tarde, pudieron entrar a la sala de conferencia.)
우리는 꽤 늦게 도착했지만 회의실에 들어갈 수 있었다.

2 단순미래시제와 가정미래시제의 차이

- **단순미래시제** : 주어의 '의지' 표현, 가정적 상황이 아닌 일에 대한 예측

단순미래시제는 주어의 확신이나 의지를 나타낼 때 사용할 수 있습니다. 또한, 현재나 미래 상황에 대한 예측을 할 때도 사용합니다.

Siempre estaré a tu lado.
내가 항상 네 곁에 있을 게.

→ 단순미래시제 estaré 대신 가정미래시제 estaría를 쓴다면 다소 어색한 문장이 됩니다. 너의 곁에 항상 있겠다는 주어의 의지를 나타내고 있기 때문에 이 경우 단순미래시제를 사용하는 것이 적절합니다.

Una bruja dice: "Pronto lloverá torrencialmente."
한 마녀가 말합니다 : "곧 비가 억수로 쏟아질 것이다."

→ 마녀는 다가올 상황에 대해 예측하고 있지만 언젠가 일어날 수도 있는 가정적 상황(~한다면)을 전제로 두고 있지는 않습니다. 따라서 가정미래시제 llovería보다 단순미래시제 lloverá를 쓰는 것이 더 적절합니다.

- **가정미래시제** : 언젠간 일어날 수도 있는(아직 일어나지 않은) 막연한 일(가정적 상황)에 대한 예측

가정미래시제는 단순미래시제처럼 주어의 의지나 확신을 드러낼 때 사용하지 않습니다. 아직 일어나지는 않았지만 일어날 수도 있는 막연한 상황을 가정할 때 가정미래시제를 활용합니다.

No dudamos que Jaime nos protegería en caso de necesitar ayuda.
도움이 필요한 경우에 하이메가 우리를 지켜줄 것이라는 것을 의심하지 않습니다.

→ 아직 도움이 필요한 상황이 발생하지 않았지만 미래에 만일 발생하게 된다면 주어는 Jaime가 자신들을 도와줄 것이라고 확신하고 있습니다. 이 경우 단순미래시제 protegerá보다 가정미래시제 protegería를 사용하여 더 자연스러운 문장을 만들 수 있습니다.

No hay ninguna luz aquí por eso tenemos mucho miedo. Pero no dudamos que Jamie nos protegerá. Él siempre se preocupa por nosotros.
여기는 불빛이 전혀 없어서 우리는 너무 무서워. 하지만 하이메가 우리를 지켜줄 거라고 확신해. 그는 항상 우리를 걱정해.

→ 단순미래시제 protegerá의 쓰임이 자연스러운데, 그 이유는 주어(nosotros)에게 무서운 상황이 실제로 일어났고 주어는 하이메가 그 상황 속에서 자신들을 보호해 줄 것이라는 것을 확신하고 있기 때문에 가정미래시제 protegería보다 단순미래시제가 더 적절합니다.

3 미래완료와 가정미래완료

- **미래완료**

(1) 미래의 어느 시점까지는 이미 완료되어 있을 일

El próximo sábado habré terminado las tareas.
나는 돌아오는 토요일까지는 업무를 다 끝내 놓았을 것이다.

Cuando llegues a casa, todos nosotros ya habremos salido.
네가 집에 도착할 때쯤이면 우리 모두는 이미 나가고 없을 것이다.

- **Vocabularios** tacaño/a 구두쇠, 인색한   cada dos por tres 자주, 빈번히   torrencial 급류의

문법 익히기

<u>Para esa fecha</u> ellos ya habrán tomado una medida.
그 날짜까지는 그들은 이미 대책을 세워 놓았을 것이다.

> **Tip** 자주 쓰이는 표현 : para … (까지는), el/la próximo/a … (다음 …),
> … que viene (돌아오는 …), etc.

(2) 현재완료에 대한 추측 (가까운 과거에 끝났을 거라고 추측)

¿Dónde está Jaime?   하이메는 어디 있어?
– Habrá ido a por pan.   빵을 사러 갔을 거야.
(= Probablemente ha ido a por pan.)

¡Hace mucha humedad!   너무 습하다!
– Lo mismo digo. Habrá llovido.   맞아. 비가 왔을 거야.
(= Probablemente ha llovido.)

Supongo que Alejandro se habrá marchado ya.
(= Supongo que probablemente Alejandro se ha marchado ya.)
나는 아마도 알레한드로는 이미 떠났을 거라고 생각해.

• 가정미래완료

(1) 대과거에 대한 추측

Supuse que habrías entendido lo que quería decir.
(= Supuse que probablemente habías entendido …)
내가 너에게 말하고 싶은 것을 이해한 줄 알았어.

¿Por qué tenía mala cara ese chico ayer?
– Habría roto con su novia.
(= Probablemente había roto con …)
어제 그 남자는 왜 그렇게 표정이 안 좋았어? – 여자친구와 헤어졌을 거야.

(2) 과거에서 본 미래완료 (주절과의 시제 일치)

Me dijeron que Dolores habría terminado de trabajar para las 6.
6시까지는 돌로레스가 일을 끝마쳤을 거라고 (누군가) 내게 말했다.

비교 Me dicen que Dolores habrá terminado de trabajar para las 6.

Nos comentó que él habría metido la pata en la reunión.
그가 모임에서 실수를 했을 거라고 우리들에게 말해주었다.

비교 Nos comenta que él habrá metido la pata en la reunión.

(3) 과거에 이루지 못한 것에 대한 아쉬움 (～했을 텐데)

Me habría(hubiera) gustado llamarte. (pero no pude)
내가 너에게 전화했더라면 좋았을 텐데.

La fiesta habría(hubiera) sido genial. (si hubieras venido)
(네가 왔더라면) 파티가 최고였을 텐데.

• Vocabularios   ir a por … ～를 (사러, 가지러, 찾으러) 가다

연습 문제

1 문법적으로 올바른 문장은 ○, 틀리거나 어색한 문장은 X 표시 후 바르게 고쳐보세요.

(1) Sandra me dijo que llegaría un poco tarde.　　　　　　(　)

(2) ¿Dónde estará mi hijo? – Podría estar con sus amigos, pero no sé.
　　　　　　　　　　　　　　　　　　　　　　　　　　　(　)

(3) El otro día Cristina tendrá gripe. No vino al instituto ni a la academia.
　　　　　　　　　　　　　　　　　　　　　　　　　　　(　)

(4) Roberto era una persona divertida.
　　– Será divertido, pero a nadie le gustaba.　　　　　　(　)

(5) Está bien vivir aquí, pero sería mucho mejor vivir en la ciudad.
　　　　　　　　　　　　　　　　　　　　　　　　　　　(　)

(6) Te llamé ayer, pero no cogiste el teléfono.
　　– Perdona, estaría duchándome.　　　　　　　　　　　(　)

(7) Ud. en mi lugar, ¿qué haría?　　　　　　　　　　　　(　)

(8) Cecilia es una sinvergüenza. – Yo diría más bien que es vaga.　(　)

(9) Sería mejor que lo hicieras tú.　　　　　　　　　　　(　)

(10) Serán las cuatro menos diez cuando mi padre regresó a casa.　(　)

• Vocabularios　El otro día 며칠 전, 요전 날　　sinvergüenza 뻔뻔한, *m.f.* 뻔뻔한 사람
tirar la toalla 포기하다　　a tope 최대치로

2 단순미래시제 또는 가정미래시제를 활용하여 빈칸을 올바르게 채워보세요.

(1) Yo que tú, _____ (elegir) esta falda roja.

(2) No me gusta vivir en Seúl. _____ (vivir) más a gusto en Busan.

(3) El cumpleaños de Ana _____ (ser) ayer porque la felicitaron en la piscina.

(4) _____ (vivir) en México 3 años, pero no hablamos nada español.

(5) No _____ (deber) tirar la toalla. Tienes que hacerlo a tope.

(6) Creía que tú _____ (verse) mejor con el pelo largo.

(7) ¿Cuánto cuesta en total? – _____ (ser) diez con cincuenta.

(8) Me dijo que ellos ya _____ (marcharse) a esa hora.

(9) El próximo lunes Andrea ya _____ (regresar) a Nerja.

(10) Beatriz faltó a la clase ayer. _____ (quedarse) dormida en casa.

연습 문제

3 문법적으로 틀리거나 어색한 부분을 찾아 바르게 고쳐보세요.

(1) ¿Cuántas personas habrían en la fiesta?

→ _____

(2) Antes era flaco. Pensaba que pesará más o menos 40 kilos.

→ _____

(3) Sara me ha dicho que él estaría estudiando ahora.

→ _____

(4) Le dijeron que habrán venido bastantes clientes.

→ _____

(5) Me llamó diciendo que solo me espera hasta las dos.

→ _____

• Vocabularios • flaco 빼빼 마른

4 제시된 문장을 작문해 보세요.

(1) 뉴스에 따르면 경기는 예정된 시간에 개최될 것이라고 했다. (a la hora prevista)

→ _____

(2) 내 고양이가 어제 죽었지만 내 가슴속에 항상 함께 할 거야.

→ _____

(3) 내가 그녀를 처음 보았을 때 그녀는 아마 23살쯤이었을 것이다.

→ _____

(4) 재판관은 공정한 판단을 위해 피고인을 다시 신문해야 할 것이라고 말했다.
(interrogar, un juicio justo)

→ _____

(5) 하이메는 그 시간에는 이미 파티가 끝났을 것이라고 내게 말해주었다.

→ _____

멕시코의 길거리 악단, Mariachi

멕시코를 거닐다 보면 챙이 넓은 모자를 쓰고 전통 복장을 입은 채 각기 다른 악기를 들고 있는 길거리 악단을 쉽게 만날 수 있습니다. 이들을 '마리아치 Mariachi'라고 부르는데, 마리아치는 멕시코인들에 있어서 삶의 근간을 이루고 있는 멕시코 문화를 대표하는 전통 음악 중 하나입니다. 멕시코를 상징하는 전통 기악 합주단인 마리아치는 사랑, 슬픔, 이별, 희망 등 인간이 느끼는 다양한 감정들을 노래할 뿐만 아니라 멕시코인들이 살아가는 삶의 방식을 보여주는 다채로운 주제들로 그들의 문화 정체성을 보여주고 있습니다. 거대한 크기로 마리아치를 상징하는 '기타론 guitarrón'은 가장 낮은 음역대를 연주하기 위해서 19세기 멕시코에서 만들어진 현악기입니다. 이들의 음악은 다른 악단에서는 느낄 수 없는 독창적인 연주와 섬세한 감정 표현으로 멕시코뿐만 아니라 북미, 유럽, 아시아 등 전 세계로 뻗어 나가고 있습니다.

유네스코 인류무형 유산에 등재된 마리아치는 전통적인 마리아치와 현대적인 마리아치로 나눌 수 있습니다.

- **전통적인 마리아치**

  2명 이상의 멤버로 이루어지며, 각 지역의 전통복인 '차로 charro'를 입고 현악기를 이용하여 종교적이거나 세속적인 노래를 연주합니다.

- 현대적인 마리아치

4명 이상의 멤버로 이루어지며, 현악기에 트럼펫을 추가하여 보다 풍성한 연주로 듣는 이의 귀를 사로잡습니다. 전통 복장 또한 변형된 형태로 맞추어 입고 노래하는 주제도 훨씬 다양합니다.

마리아치는 단순한 멕시코 음악이 아닌 멕시코 사람들의 가치관과 삶을 대하는 태도를 보여주는 멕시코 문화 그 자체라고 볼 수 있습니다. 이들은 노래의 가사를 통하여 자신의 고향, 고국, 자연, 종교 등을 찬미하고 멕시코에 대한 애정과 자부심을 드러내고 있습니다. 주제의 다양성 뿐만 아니라 리듬에서도 다양한 변주를 시도하면서 청자들의 눈과 귀를 즐겁게 합니다. 멕시코 사람들은 마리아치의 노래를 들으면서 멕시코인이라는 자부심과 자신이 살고 있는 지역에 대한 애정을 느끼고 더 나아가 라틴아메리카의 공동체 가치를 경험한다고 할 수 있습니다.

Lección 7

Probablemente no haya nadie que pueda hacer una película como él.

아마 그 사람처럼 영화를 만드는 사람은 아무도 없을 거야.

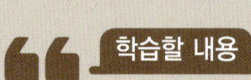 학습할 내용

1. 접속법(modo subjuntivo)의 용법
2. 독립절에서 쓰이는 접속법

브라질/아르헨티나 이과수 폭포 Cataratas de Iguazú

<Dos amigos están hablando de la película que les ha impresionado.>

Lucas Paola, ¿recuerdas alguna película que te haya impactado?
Paola Pues, déjame pensar... Ah, una peli que me encantó fue «Abre los ojos».
Lucas ¿Sí? ¿De qué trata?
Paola Se trata de la historia de un hombre, al que le gusta ligar con mujeres, en una situación en que se desconoce si es real o alucinación. Quiero contarte más, pero no me gustaría destriparte la película, jaja.
Lucas Jaja vale, vale. Ahora me intriga saber quién es el director.
Paola El director es Alejandro Amenábar. Seguro que tú sabes quién es él, ¿verdad?
Lucas Claro que sí. Y me imaginaba que era su obra. Es uno de los mejores directores de cine del mundo. Me encanta su manera de dirigir una película. Probablemente no haya nadie que pueda hacer una película como él.
Paola ¡Me alegro mucho de que te guste él! Es que he visto casi todas las obras que ha hecho. Bueno, ahora te toca. Cuéntame, ¿cuál es la película que te ha impresionado?
Lucas Pues hace unos días he visto nuevamente «Volver» de Pedro Almodóvar, y me hace pensar mucho sobre el significado de las relaciones interpersonales.
Paola La protagonista de esa película es Penélope Cruz, ¿verdad?
Lucas Cierto. Ella se convirtió en una actriz de fama mundial tras el éxito de esa obra.
Paola ¡Qué va! No creo que esa la haya hecho famosa. Me refiero a que ella era bastante famosa incluso antes de que saliera a la luz esa peli.
Lucas ¿De verdad? No lo sabía. La verdad es que no soy una persona que se interese por el mundo del entretenimiento.
Paola Que yo sepa, ella se hizo bastante famosa después de filmar la película, «Jamón, jamón» de Bigas Luna.

〈두 친구가 감명 깊게 본 영화에 대해 이야기하고 있습니다.〉

루카스　파올라, 너를 감동받게 한 영화 기억해?
파올라　음, 생각 좀 해보자 …. 아, 좋아했던 영화는 「오픈 유어 아이즈」였어.
루카스　그래? 무슨 내용이야?
파올라　현실인지 환각인지 모르는 상황 속에서 여자에게 작업 걸기를 좋아하는 한 남자에 관한 이야기야. 네게 더 이야기해 주고 싶지만 영화를 스포일러 하고 싶지 않아.
루카스　알겠어, 알겠어. 이제 누가 감독인지 궁금하게 만드네.
파올라　감독은 알레한드로 아메나바르야. 당연히 누군지 알지, 그치?
루카스　당연하지. 그리고 그의 작품일 거라고 생각했어. 전 세계에서 가장 훌륭한 감독 중 한 명이잖아. 나는 그가 영화를 연출하는 방법이 너무 좋아. 아마 그 사람처럼 영화를 만드는 사람은 아무도 없을 거야.
파올라　네가 그를 좋아한다니 기분이 좋네! 사실 난 그가 만든 거의 모든 영화를 다 봤어. 자, 이제 너 차례야. 너에게 감명을 준 영화는 뭐야?
루카스　며칠 전에 페드로 알모도바르의 「귀향」을 다시 봤어. 사람과 사람 간의 관계에 대해서 많은 생각을 하게 하더라.
파올라　그 영화의 여주인공이 페넬로페 크루스, 맞지?
루카스　맞아. 그녀는 그 영화의 성공 이후로 전 세계적으로 유명한 여배우가 되었어.
파올라　무슨 소리야! 나는 그 영화가 그녀를 유명하게 만들었다고 생각하지 않아. 내 말은 그녀는 그 영화가 나오기 이전부터 이미 유명했어.
루카스　정말? 몰랐어. 사실 내가 연예계에 관심이 있는 사람이 아니거든.
파올라　내가 알기론 그녀는 비가스 루나의 「하몬, 하몬」이라는 영화를 찍고 나서 꽤 유명해졌어.

Vocabularios y expresiones

Vocabularios

- ligar [속어] 직업 길다. 수작을 부리다
- destripar (내장 따위를) 파헤치다. 스포일러 하다
- alucinación f. 환각
- intrigar 호기심을 자극하다

Expresiones

- salir a la luz (세상 밖으로) 나오다. 드러나다. 출판되다
- Que yo sepa 내가 알기로는

1 접속법(modo subjuntivo)의 용법

sub(밑, 서브, 종속) + junt(연결하다) + ivo(형용사, 명사어미)

접속법(modo subjuntivo)의 뜻을 풀어보면, '종속절에서 주절을 연결한다'라는 의미가 됩니다. 즉, 종속절에서 나타나는 동사의 한 형태를 '접속법'이라고 할 수 있습니다. 접속법은 주절의 주어가 생각했을 때 종속절의 내용이 아직 실현되지 않았거나 확신할 수 없는 경우 사용됩니다. 화자의 확신과 단정을 표현하는 직설법과 달리 접속법은 실제 참/거짓에 상관없이 화자의 불확신과 의심을 나타낼 때 사용합니다. 또한, 말하는 사람의 주관적인 감정을 드러내는 경우에도 종속절에 접속법을 사용합니다. 일반적으로 주절의 시제에 따라서 종속절에 나타나는 접속법의 시제가 달라진다는 점도 유념해야 합니다.

• **화자의 불확신, 추측, 부정** (아직 이루어지지 않은 일)

● **불확신 표현**
no creer, no pensar, no sentir(생각하다), no parecerle que, no estar seguro de que, dudar, negar, …

No creo que esta sea mi mochila.
이건 제 배낭이 아닌 것 같아요.

No pensaba que hubieras aprobado el examen.
네가 시험에 합격한 줄 몰랐어. → 주절이 과거라면 접속법도 과거

No siento que Sandra le ame.
나는 산드라가 그를 사랑한다고 생각하지 않아.

No estaba seguro de que mi profesor abriera la mano.
나의 선생님이 아량을 베풀어 주실지 확실하지 않았다.

Dudo que la manifestación reivindique la paz.
나는 시위가 평화를 되찾을지 의심스러워.

El jefe negó que el nuevo producto tuviera el mejor desempeño.
사장은 신제품이 최고의 성능을 가졌다고 생각하지 않았다.

> **¡OJO!**
>
> ● 동사 sospechar에 주의하세요!
>
> 동사 sospechar는 '(추정적으로) 생각하다'라는 뜻으로 creer, pensar, sentir와 같이 화자의 확신을 나타내는 동사입니다. 그러나 '추정하다'로 잘못 해석되어 종속절에 접속법을 써야 한다고 착각하는 경우가 많으므로 쓰임에 주의하세요.
>
> Sospecho que Julio es culpable. 나는 훌리오가 범인이라고 (추정적으로) 생각해.
>
> **Tip** Fernando sospecha de su mujer.
> 페르난도는 그녀의 아내를 의심한다. (sospechar de [자동사] ~를 의심하다)

● **주절** : 충고, 명령, 부탁, 허가, 금지, 희망, 원망, 사역 동사

주절에 위와 같은 동사들이 쓰였다면 종속절은 아직 일어나지 않은 상황이거나 주절 주어가 확신하지 못하는 경우이기 때문에 종속절에 접속법을 사용합니다.

Espero que acepten mi sugerencia.
나는 (그들이) 내 제안을 받아들이기를 바란다. [희망]

Señor, permíteme que le presente.
선생님, 제가 당신을 소개하도록 허락해 주세요. [허가]

No me recomendó que fuera yo a la velada.
나에게 디너파티에 가지 말라고 추천해 줬어요. [충고]

Les hemos rogado que guarden el silencio.
그들에게 우리는 조용히 해달라고 간청했다. [부탁]

Nos prohibieron que pasáramos por allí.
그들은 우리가 그곳으로 지나가는 것을 금지했다. [금지]

De pequeño mi madre siempre me hacía que llevara a casa a mi hermano menor.
어렸을 때 우리 어머니는 항상 나에게 동생을 집에 데려오라고 하셨다. [사역]

Vocabularios abrir la mano 아량을 베풀다   reivindicar 되찾다. 요구하다   desempeño *m.* 수행, 이행
velada *f.* 디너파티

문법 익히기

> **¡OJO!**
>
> ● 동사 decir는 의미에 따라서 종속절 동사의 형태가 달라져요!
>
> 동사 decir가 명령의 의미(~하라고 말하다)를 담고 있을 때 종속절의 동사는 접속법을 사용하고, 명령에 의미가 없다면(~라고 말하다) 종속절의 동사는 직설법을 사용합니다.
>
> Mi esposo me ha dicho que llegue pronto a casa.
> 내 남편은 나에게 집에 일찍 들어오라고 말했다.　　[명령] → [접속법]
>
> Mi esposo me ha dicho que no trabaja mañana.
> 내 남편은 나에게 내일 일을 하지 않는다고 말했다.　　[명령 X] → [직설법]

• 화자의 주관적인 감정

주절의 표현에 화자의 주관적인 감정이 들어가 있는 경우, 종속절 동사는 접속법을 사용합니다.
[예] alegrar, temer, lamentar, sentir (유감이다), gustar, parecerle 형용사/부사/명사, sorprender …]

Me alegro de que hayas resuelto todos los problemas.
나는 네가 모든 문제를 다 풀어서 기뻤다.

Temo que ya no vengas a verme.
이제 네가 나를 보러 오지 않을까 봐 두렵다.

> **Tip**　Me temo que no puedo ir a la reunión. (유감스럽게도) 모임에 못 갈 것 같아.

Lamento que Ud. haya pasado una mala racha.
당신이 힘든 시기를 겪었다니 유감이네요.

Siento que no pudiéramos vernos el fin de semana.
주말에 우리가 볼 수 없어서 유감이었어요.　　[주절이 현재여도 종속절 과거 가능]

Me gustaría que vinierais a mi fiesta de cumpleaños.
내 생일파티에 너희들이 왔으면 좋겠어.　　[주절 가정미래시제 → 종속절 접속법 과거]

Me encanta que estés aquí conmigo.
네가 여기 나와 함께 있어서 나는 너무 좋아.

Me parece genial que vuelvas a dejar de fumar.
나는 네가 다시 금연을 해서 좋아.

> **¡OJO!**
> ● 동사 sentir의 2가지 의미에 주의해야 해요!
>
> 동사 sentir는 의미에 따라서 종속절 동사의 형태가 달라집니다. creer, pensar와 같이 '~라고 생각하다'라는 의미로 쓰인다면 직설법을, lamentar와 같이 '유감이다'라는 의미로 화자의 감정을 나타낸다면 접속법을 사용합니다.
>
> Siento que no te gusto.   네가 나를 좋아하지 않는 것 같아.
> Siento que no te guste yo.   네가 나를 좋아하지 않아서 유감이야.

• 가치 판단 (juicio de valor)

> ser/estar + 형용사/명사 + que

영어의 'It is ... that ...'과 같은 비인칭 구문으로 종속절에 나오는 행위에 대해서 추측, 의심, 가능성, 필요, 충고 등을 나타낼 때 종속절 동사는 접속법을 사용합니다.

Es posible que este coche se dirija al centro de Barcelona.
(= **Puede** que este coche se dirija al centro de Barcelona.)
이 차가 바르셀로나 시내로 향할 수도 있다.

Era necesario que sacáramos una entrada para ver la actuación.
공연을 보기 위해 우리는 입장권을 사는 것이 필요했다.

No está claro que mi profesor se lo diga a mis padres.
나의 선생님이 우리 부모님께 그것을 말할지 확실하지 않다.

Era lógico que ellos se sintiesen agotados.
그들이 지친 것은 당연했다.

Es una pena que Lucia esté de luto.
루시아가 상중인 것은 유감이다.

• Vocabularios   pasar una mala racha 힘든 시기를 겪다, 고초를 겪다   actuación *f.* 공연   estar de luto 상중이다

문법 익히기

No es verdad que Pedro sea belga.
페드로가 벨기에 사람이라는 것은 사실이 아니야.

Sería conveniente que le advirtiese lo malo que es su novio.
그녀에게 그녀의 남자친구가 얼마나 나쁜 사람인지 알려주는 것이 좋을 것이다.

> **¡OJO!**
> - '확신'하거나 '확실'한 판단일 경우 직설법을 사용합니다.
>   Es cierto que ella es porteña.
>   그녀는 부에노스아이레스 사람인 것이 확실하다.
>   Es seguro que ellos van a llegar tarde.
>   그들이 늦게 도착할 것이 확실하다.

2 독립절에서 쓰이는 접속법

접속법은 기본적으로 종속절에서 나타나는 동사의 한 형태이지만 독립절에서 나타나는 경우도 몇 가지 존재합니다.

> • **probablemente, posiblemente, tal vez, quizá(s)**

동사의 앞에 쓰일 때만 접속법을 사용할 수 있으며, 동사의 뒤에 온다면 직설법만 사용합니다.

Tal vez ella venga mañana.   아마도 그녀는 내일 올 수도 있다. [안 올 수 있는 가능성이 큼]
Tal vez ella viene mañana.   아마도 그녀는 내일 올 것이다. [온다는 가능성이 큼]
Ella viene mañana, tal vez. 아마도 그녀는 내일 올 것이다. [온다는 가능성이 큼]
비문 * Ella venga mañana, tal vez.
아마도 그녀는 내일 올 것이다.

Tip a lo mejor는 언제나 직설법만 사용 가능합니다.

• ojalá (que) / que

ojalá는 아랍어에서 비롯된 표현으로 아랍의 신(알라)에게 소망하는 표현에서 유래했습니다. 실현 가능성의 정도에 따라서 접속법 현재 또는 과거가 사용됩니다. que는 요구, 희망, 명령 등의 동사가 생략된 표현으로 주로 현재나 미래에 대한 소망을 나타낼 때 사용합니다.

Ojalá (que) llueva mañana.
내일 비가 왔으면 좋겠다.　　　　　　　　　[가능성 있음]

Ojalá (que) pudiera acompañarte, pero no puedo.
너와 함께 가고 싶은데 그럴 수 없어.　　　　[가능성 희박]

¡Que te mejores pronto!　　빨리 낫길!
¡Que tenga un buen día!　　좋은 하루 보내세요!

• quién, si

이루어지기 힘들거나 불가능한 소망을 나타낼 때 사용하며 반드시 접속법 과거와 사용합니다.

¡Quién fuera más joven!　　젊어지고 싶다!
¡Quién supiera el futuro!　　미래를 알고 싶다!
¡Si me hubiera tocado la lotería!　복권에 당첨됐다면 좋았을 텐데!

• 과거 사실의 반대 가정 (가정미래완료 대체)

접속법 과거완료(hubiera p.p.) 형태로 과거 사실에 대한 반대를 가정할 때 사용합니다.

Hubiera sido genial ir de picnic contigo.
(= **Habría sido genial** ir de picnic contigo.)
너와 피크닉을 갔다면 좋았을 텐데.

• Vocabularios　**belga** *m.f.* 벨기에 사람, 벨기에 태생의　　**porteño/a** 부에노스아이레스 사람, 부에노스아이레스 태생의

연습 문제

1 문법적으로 올바른 문장은 O, 틀리거나 어색한 문장은 X 표시 후 바르게 고쳐보세요.

(1) No sabía que hubieras sacado una buena nota.　　　( )

(2) Siempre me decía que hiciera lo que quisiese.　　　( )

(3) La jefa le ha ordenado a su secretario que limpie su despacho.　( )

(4) No es natural que ella se comporta así.　　　( )

(5) Dile a Ángel que le esperaré hasta las diez.　　　( )

(6) Os advierto que no fumáis en esta zona.　　　( )

(7) Era obvio que Jaime no quería hablar conmigo.　　　( )

(8) No me gusta que salgas con esos tipos.　　　( )

(9) José sintió que no puedas venir con nosotros.　　　( )

(10) Le hemos pedido que baje el volumen de la música.　　　( )

· Vocabularios · comportarse 행동하다　tipo *m*. 놈, 자식　hacerle ilusión 행복하게 하다, 즐겁게 하다　danés, danesa 덴마크 사람(인)

(11) Me temo que no pueda asistir a la reunión.   (   )

(12) A lo mejor Juliana haya aprendido algo nuevo.   (   )

(13) No te preocupes, seguro que vendrá muy pronto.   (   )

(14) A los participantes se les exigió que no dijeran mentiras.   (   )

(15) No estoy seguro de que ellos se casan dos meses después.   (   )

(16) Te he dicho mil veces que te laves las manos en cuanto
     llegues a casa.   (   )

(17) Me haría mucha ilusión que me podáis acompañar a la
     exposición.   (   )

(18) No era verdad que Fernando es danés.   (   )

(19) Sospecho que lo has hecho tú.   (   )

(20) Fue una suerte que había podido lograr todos mis sueños.   (   )

> 연습 문제

2 빈칸을 올바르게 채워보세요.

(1) ¡Quién _____ (sacar) una matrícula de honor!

(2) Probablemente ellos no _____ (volver) a pelear.

(3) ¡Si _____ (haber) aprobado el examen de lectura!

(4) Sé que en este planeta nunca llueve, pero ojalá que _____ (llover).

(5) Puede que Celina _____ (haber) aprendido el tango.

(6) Me _____ (haber) gustado ir contigo.

(7) Sería mejor que _____ (llevar, tú) el paraguas por si llueve.

(8) Siento que no me _____ (amar) tú.

• Vocabularios • matrícula de honor (스페인 대학교) 최고 성적

3 제시된 문장을 작문해 보세요.

(1) 모든 영화관에서는 관람객들의 흡연을 금지하고 있습니다. (espectador)

→ _____

(2) 우리 선생님은 내가 시간을 낭비하지 않고 학업에 전념하기를 바란다.

→ _____

(3) 우리 부모님은 내가 장학금 타기를 기대하셨지만 결국 타지 못했다. (conseguir una beca)

→ _____

(4) 글로벌 사회에서는 우리가 하나 이상의 외국어를 구사하기를 요구한다. (requerir)

→ _____

(5) 코로나바이러스의 치료제가 하루빨리 개발되기를 우리 모두가 바란다. (medicamentos)

→ _____

세고비아의 새끼 돼지 통구이, Cochinillo

스페인은 각 지역마다 그 지역을 대표하는 요리가 존재합니다. 마드리드의 근교에 위치한 세고비아 또한 특이한 전통 요리로 관광객들의 이목을 사로잡고 있습니다. 바로 새끼 돼지를 통으로 구운 요리인 '꼬치니요Cochinillo'입니다. 꼬치니요에 쓰이는 새끼 돼지는 생후 3주가 지나지 않아야 하며 어미의 젖만 먹고 자란 돼지여야 합니다. 몸무게는 보통 4~6kg 정도이며 매우 부드러운 식감 때문에 전 세계 미식가들의 발길이 끊이지 않고 있습니다.

Cochinillo라는 명칭은 '돼지'를 뜻하는 'cochino'와 축소형 어미 '-illo'가 합쳐진 단어입니다. 말 그대로 '몸집이 작은 새끼 돼지'를 일컫는 말입니다. 화덕에 구운 꼬치니요의 껍질은 바삭하지만, 살코기는 매우 부드러운데 세고비아의 꼬치니요 전문 레스토랑에 가면 이를 잘 보여주는 특별한 이벤트도 만나 볼 수 있습니다. 통으로 구운 새끼 돼지를 배분할 때 칼을 사용하지 않고 접시를 이용하여 인원수에 맞게 잘라내는데, 꼬치니요가 얼마나 부드러운지를 잘 보여주는 퍼포먼스 중 하나입니다. 꼬치니요를 자른 접시는 그 자리에서 바로 바닥에 던져 깨뜨림으로써 꼬치니요를 자른 것이 다름 아닌 접시라는 것을 보여주는 이벤트를 보여주기도 합니다.

　코치니요의 유래를 살펴보면 스페인에 유대교, 이슬람교, 가톨릭의 세 문화가 공존하던 시기에 만들어졌다는 속설이 존재합니다. 스페인 사람들이 이교도 신자를 이베리아반도에서 물러나게 하기 위해 돼지고기로 된 요리를 만들었다고 합니다. 이 과정에서 반도에 남고 싶었던 이교도 신자들은 종교적 신념에 반하더라도 이 음식을 먹었다고 합니다. 꼬치니요는 이후 세고비아를 대표하는 전통 요리가 되어 스페인 사람들과 더불어 많은 관광객의 사랑을 받고 있습니다.

Lección 8

De haber leído antes los comentarios tan malos, nunca habría elegido este hotel.

안 좋은 댓글들을 읽었더라면, 이 호텔을 절대 선택하지 않았을 거예요.

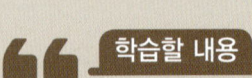 

학습할 내용

1. 가정문의 형태
2. 전치사를 활용한 가정문
3. -ra형과 -se형의 차이
4. como si 가정문의 특징

발렌시아 라스 파야스 축제 Las Fallas

<Un cliente y una recepcionista están hablando en la recepción de un hotel.>

Recepcionista Buenas noches. ¿En qué puedo ayudarle, señor?
Cliente Quisiera pedir la hoja de reclamaciones.
Recepcionista ¿Tiene algún problema?
Cliente Sí, hay varios. He pedido una habitación con vistas al mar y solo veo edificios y unos árboles. Además, me dijeron que habría dos camas individuales, pero veo solo una cama y un sofá plegable. Para colmo, no funciona la calefacción y mi mujer ha visto un bicho. Si hubiesen indicado correctamente las condiciones de la habitación, no hubiera hecho una reserva.
Recepcionista Lo sentimos muchísimo, señor. Creo que se ha cambiado por error su habitación con la de otro cliente. Por favor, ¿me podría decir su número de habitación?
Cliente Habitación 1601. ¿Cómo es posible que pueda pasar esto en un hotel de cinco estrellas? No me lo puedo creer.
Recepcionista Le pedimos perdón sinceramente. Prestaremos más atención a la formación de los empleados. Estimo que ha cometido un error el recepcionista que le ha atendido. Es que él está en prácticas y aún no se ha acostumbrado al trabajo.
Cliente Eso no es una excusa válida. De todas formas, necesito la hoja de reclamaciones.
Recepcionista Vale, ¿me deja un momento, por favor?
Mire, este es el formulario de reclamaciones. Ud. debe escribir sus datos personales aquí junto a su número de habitación.
Cliente Vale. Pues, vine para pasar un buen tiempo con mi mujer, pero… Bueno, de haber leído antes los malos comentarios de otros clientes sobre la atención al cliente, nunca habría elegido este hotel.

〈투숙객과 호텔 안내원이 호텔 리셉션에서 대화를 나누고 있습니다.〉

호텔 안내원	안녕하세요. 무엇을 도와드릴까요?
투숙객	컴플레인 작성지 좀 부탁드립니다.
호텔 안내원	무슨 문제가 있나요?
투숙객	네, 많이 있어요. 오션 뷰 방으로 예약했는데 건물들이랑 나무 밖에 안 보이네요. 게다가 저한테 2개의 침대가 있을 거라고 했는데 침대는 하나밖에 없고 접이식 소파가 있네요. 심지어 히터는 작동을 안 하고 제 아내는 벌레를 보기까지 했어요. 방 컨디션에 대해 정확하게 말씀해 주셨더라면, 예약하지 않았을 겁니다.
호텔 안내원	정말 죄송합니다, 고객님. 제 생각엔 다른 손님과 실수로 방이 바뀐 것 같습니다. 룸 번호 좀 알려 주시겠어요?
투숙객	1601호. 5성급 호텔에서 어떻게 이런 일이 일어날 수 있죠? 믿을 수가 없네요.
호텔 안내원	정말 죄송합니다. 직원 교육에 더 주의를 기울이겠습니다. 고객님을 응대한 호텔 안내원이 실수를 한 것 같아요. 사실 그분은 인턴 중이고 업무에 아직 적응을 못하셨거든요.
투숙객	그건 변명거리가 되지 않아요. 어쨌든 컴플레인 작성지 좀 주세요.
호텔 안내원	알겠습니다, 잠시만 기다려 주시겠어요? 이게 컴플레인 작성지입니다. 고객님의 개인정보를 룸 번호와 함께 여기에 기재해 주셔야 합니다.
투숙객	알겠습니다. 아내랑 좋은 시간을 보내려고 여기에 왔는데 …. 다른 사람이 쓴 고객 응대에 관한 안 좋은 글들을 읽었더라면 이 호텔을 절대 선택하지 않았을 거예요.

Vocabularios

- **plegable** 접고 펼 수 있는
- **formación** *f.* 교육, 양성
- **estimar** ~라 생각하다, 평가하다
- **atender** 응대하다

Expresiones

- **para colmo** 심지어, 게다가, 엎친 데 덮친 격
- **estar en prácticas** 인턴 중이다
- **dar a …** ~로 향해있다, ~로 나있다
- **Eso no es una excusa válida.** 구차한 변명이다.

문법 익히기

1 가정문의 형태

• **현재 사실의 반대 가정** (~라면 ~할 텐데)

> Si + 접속법과거(-ra/-se) …, 가정미래(-ría) …

현재 이루어지지 못한 상황에 대한 **아쉬움**을 표현할 때 사용합니다.

Si vivieras más cerca, iría a menudo para verte.
네가 더 가까이 산다면, 자주 너를 보러 갈 텐데.

Alejandro podría ascender si trabajara más duro.
알레한드로가 더 열심히 일한다면 승진할 수 있을 텐데.

Si yo estuviese en tu lugar, nunca se lo diría a nadie.
내가 너라면, 아무에게도 그것을 말하지 않을 거야.

• **과거 사실의 반대 가정** (~했다면 ~했을 텐데)

> Si + 접속법 과거완료(hubiera/hubiese + p.p.) …, 가정미래완료(habría p.p.)/접속법 과거완료 …

과거 이루어지지 못한 상황에 대한 **아쉬움**을 표현할 때 사용합니다.

Si hubiera sido más joven, habría tenido más oportunidades.
내가 좀 더 어렸더라면, 더 많은 기회가 있었을 텐데.

Hubierais llegado ya a casa si me hubierais hecho caso.
내 말을 귀담아들었더라면 이미 너희들은 집에 도착했을 텐데.

Si nos hubiésemos dado más prisa, habríamos podido coger el tren.
우리가 좀 더 서둘렀더라면, 기차를 탈 수 있었을 텐데.

• **Vocabularios** • ascender 승진하다   hacerle caso ~에게 귀 기울이다

- **복합 가정문** (~했다면 (지금) ~할 텐데)

> Si + 접속법 과거완료 (hubiera / hubiese + p.p.) …, 가정미래 (-ría) …

과거 이루어지지 못한 상황에 대한 현재의 아쉬움을 표현할 때 사용합니다.

Si no me hubiera mudado a Seúl, ahora no me sentiría feliz.
내가 서울로 이사를 가지 않았더라면, 지금 행복하지 않을 거야.

Si no hubiese muerto Susana, tendría 20 años ahora.
수사나가 죽지 않았더라면, 지금 20살 일 텐데.

¡OJO!
- 가정문 귀결절(주절)에 '불완료과거, 접속법 과거'를 사용할 수 있어요!

  가정문 귀결절에 가정미래 대신 구어체 문장에서는 불완료과거시제를 사용할 수 있으며, 중남미 일부 지역에서는 접속법 과거도 사용합니다.

  Si fuera/fuese rico, lo compraría.   Si fuera/fuese rico, lo compraba.
  Si fuera/fuese rico, lo comprara.

2 전치사를 활용한 가정문

주절의 주어와 종속절의 주어가 일치할 때 전치사 de를 활용하여 가정문을 만들 수 있습니다.

> de + 동사원형 : ~한다면 / de + haber p.p. : ~했다면

De saber dónde está Rosa, te lo diría.
(= Si supiera dónde está Rosa, te lo diría.)
로사가 어디에 있는지 안다면, 네게 말해줄 텐데.

De haber esperado a las rebajas, habrías ahorrado mucho dinero.
(= Si hubieras esperado a las rebajas, habrías ahorrado mucho dinero.)
네가 세일 기간을 기다렸다면, 돈을 많이 아꼈을 텐데.

> **문법 익히기**

> **¡OJO!**
> - **전치사 de는 '일시성'을 나타낼 때도 사용합니다.**
> 전치사 de의 용법은 매우 다양하지만 그중에서도 일시적인 상황을 나타낼 때도 사용할 수 있습니다.
>
> Ahora estamos de vacaciones; no hay nadie en casa. 지금 우리는 휴가 중이라 집에 아무도 없다.
> Soy cantante, pero estoy de camarera en Valencia. 나는 가수이지만 발렌시아에서 웨이터로 (잠시) 일하고 있다.
> ¿Vives aquí? – No, solo estoy de paso. 여기 사니? – 아니, 잠시 들렸어.

3 -ra형과 -se형의 차이

접속법 과거는 -ra형태와 -se형태로 나뉩니다. 하지만 이 둘은 사용에 있어서 문법적인 차이를 보입니다. 어원적으로 보았을 때 -ra는 라틴어의 '직설법' 과거완료에서 그 어원을 찾을 수 있고 -se는 라틴어의 '접속법' 과거완료에서 비롯되었습니다. 현대 스페인어로 오면서 -ra형태 또한 접속법 형태로 사용하게 되었지만 태생적으로 접속법이었던 -se형태와 문법적인 차이를 보입니다. 본래 직설법이 쓰여야 하는 위치(주절)나 구문에서는 -se형태의 사용이 권장되지 않거나 문법적으로 알맞지 않은 문장으로 여겨집니다. 반면 접속법이 쓰여야 하는 종속절에서는 2가지 형태 모두 사용 가능합니다.

분류	-ra	-se
가정문 조건절 (종속절)	O	O
가정문 귀결절 (주절)	O	권장되지 않음 (고전적, 전원적 느낌)
단독으로 사용되어 아쉬움을 나타내는 접속법 과거완료	O	X
완곡한 표현 (cortesía)	O	X
직설법 용법으로 사용된 접속법 과거 (교양 있는 문체)	O	X

Si tuviera/tuviese mucho dinero, te comprara/comprase (-se는 권장되지 않음) ese coche. 내가 돈이 많다면, 네게 그 차를 사줄 텐데.

Si no hubiera/hubiese estado enfermo, yo hubiera/hubiese (-se형은 권장되지 않음) aprobado el examen. 아프지 않았더라면, 시험에 합격했을 텐데.

Hubiera/Hubiese* (-se형은 비문) sido mucho mejor contigo.
너와 함께였다면 훨씬 좋았을 텐데

Quisiera/Quisiese* (-se형은 비문) saber si va a repetir el curso.
당신이 그 강좌를 다시 수강하실 건지 알고 싶습니다.

> **¡OJO!**
>
> ● 직설법이 쓰여야 할 것 같은 곳에 접속법이 쓰여 있어요!
>
> 과거에 완료된 사실을 나타낼 때 보통 직설법을 사용합니다. 하지만 기사문, 시사 글, 신문 등에서 교양 있고 스타일리시한 문체를 보여주거나 의도적으로 고전적인 느낌을 보여주기 위해 접속법을 사용하는 경우가 있습니다. (구어체에서는 잘 쓰이지 않습니다.) 이러한 경우 라틴어 시절 직설법 시제였던 -ra형태만 사용할 수 있습니다.
>
> Explotó un coche bomba pese a que se anunció/anunciara/anunciase* tregua en mayo. 5월에 휴전 협상이 공표되었음에도 불구하고 차량 폭탄이 터졌다.

4 como si 가정문의 특징

주절의 시제와 상관없이 접속법 과거 또는 접속법 과거완료 형태만 사용 가능하며 각각 '마치 ~인 것처럼', '마치 ~이었던 것처럼'으로 해석됩니다. 접속법 -ra형과 -se형 모두 사용 가능하며 본래 동등 비교급 구문으로 como 뒤에 생략된 구문이 존재합니다.

Juan y Alberto se quieren como si fueran hermanos.
(como se querrían si fueran hermanos) 후안과 알베르토는 마치 형제인 것처럼 서로 사랑한다.

Ese hombre me miraba como si no hubiese pasado nada.
(como me habría mirado si no hubiese pasado nada)
그 남자는 마치 아무 일도 일어나지 않았던 것처럼 나를 쳐다봤다.

주절 동사가 과거시제라고 해서 como si 뒤에 오는 동사의 형태가 접속법 과거완료일 필요는 없습니다. 반대로 주절 동사가 현재시제이더라도 como si 뒤에 오는 동사가 접속법 과거가 아닐 수도 있습니다.

> 주절동사 como si + 접속법 과거 → 주절동사와 같거나 이후 시점 의미
> 주절동사 como si + 접속법 과거완료 → 주절동사보다 앞선 시점 의미

Andrea habla/habló como si hubiera visto a Julio anteayer.
안드레아는 그저께 훌리오를 봤던 것처럼 말한다/말했다.

El culpable me habló como si estuviera/hubiera estado en su despacho.
범인은 마치 그의 사무실에 있는 것처럼/있었던 것처럼 나에게 말했다.

연습 문제

1 문법적으로 올바른 문장은 ○, 틀리거나 어색한 문장은 X 표시 후 바르게 고쳐보세요.

(1) Si ves a Pedro, dale recuerdos de mi parte. ( )

(2) Si yo fuese ministro de Educación, prohibiría los anuncios inadecuados en YouTube. ( )

(3) No te pusiesen una multa si respetaras el límite de velocidad. ( )

(4) Si ella venga de nuevo, le diría la verdad. ( )

(5) Haría cualquier cosa por ella si tuviera algún problema; pero actualmente no tiene problema alguno. ( )

(6) Haríamos un viajecito si mi padre tuviera tiempo libre. ( )

(7) Si yo habría trabajado a destajo, no me hubieran despedido. ( )

(8) Si tú quisieras, iba a la fiesta. ( )

(9) Si hubieras dormido lo suficiente, ahora no tendrías sueño. ( )

(10) Si me lo hubieses mencionado antes, yo no habría dicho nada a los demás. ( )

• Vocabularios • ponerle una multa 벌금을 부과하다   a destajo 열심히   cría f. (동물의) 새끼
propietario/a 소유자

(11) Señorita, quisiese saber quién es Ud. ( )

(12) Después de que naciese la cría del caballo, su propietario se dio cuenta de que era anormal. ( )

(13) Hubiéramos pasado un buen tiempo con Sarita. ( )

(14) La excursión habría sido fenomenal si no hubiera llovido inesperadamente. ( )

(15) No me mires así como si no hubiese pasado nada. ( )

2. 전치사 de를 활용하여 문장을 바꿔보세요.

(1) Si hubiera sabido que ella era madrileña, le habría hablado en castellano.

   → _____

(2) Si supiera dónde está Concha, te lo diría.

   → _____

(3) Si tuvieras que elegir al director, ¿a quién elegirías?

   → _____

(4) Si me hubiera graduado de la universidad, hubiera solicitado esa oferta de empleo.

   → _____

(5) Si fueses director de cine, ¿qué tipo de películas rodarías?

   → _____

• Vocabularios • rodar 촬영하다   guiri *m.f.* 외국인 관광객

3 제시된 문장을 작문해 보세요.

(1) 너는 마치 유령이라도 본 것처럼 얼굴이 창백해.

→ _____

(2) Cecilia는 마치 프랑스에서 오래 살았던 것처럼 프랑스어를 유창하게 한다. (de manera fluida)

→ _____

(3) 나는 마치 외국인 관광객인 것처럼 선글라스를 꼈다. (guiri)

→ _____

(4) 네가 꾸준히 운동을 한다면 건강을 유지할 수 있을 텐데. (estar en forma)

→ _____

(5) 월급이 오른다면 더 기쁘게 일할 수 있을 텐데. (sueldo)

→ _____

다양한 생물종의 집합소, 갈라파고스 제도

남아메리카 에콰도르에서 서쪽으로 약 1,000km 떨어진 곳에는 19개의 화산 섬과 셀 수 없이 많은 암초로 이루어진 '갈라파고스 제도Islas Galápagos'가 있습니다. 이 제도는 1978년 유네스코 세계 자연 유산으로 선정될 만큼 어디에서도 볼 수 없는 특이하고 다양한 생물종을 만나볼 수 있기 때문에 생태학적으로 매우 중요한 섬으로 평가받고 있습니다. 특히, 큰 거북들이 많이 서식하고 있는데 거북의 등껍질이 안장을 닮았다고 해서 스페인어로 '안장'을 뜻하는 'galápago'가 이 섬의 이름이 되었습니다.

갈라파고스 제도에 있는 각각의 섬에는 서로 다른 종류의 동식물들이 살아가고 있습니다. 코끼리거북, 육지 이구아나, 바다 이구아나, 갈라파고스 홍학 등 섬의 고도나 면적 등에 따라서 각기 다른 생물종이 서식하고 있습니다. 살아있는 자연사 박물관이라고 불리는 갈라파고스 제도는 종의 기원에 관하여 집필한 찰스 다윈의 「진화론」에 큰 영향을 준 곳이기도 합니다. 같은 종이더라도 환경적 요인에 따라서 형태가 변화할 수 있다는 것을 갈라파고스 서식종인 핀치새의 각기 다른 부리의 모양을 보며 깨닫게 되었습니다.

　지구상에서 가장 다양한 생물종을 만나볼 수 있는 갈라파고스 제도는 현재 인간이 만들어 내는 환경오염에 직접적인 피해를 받고 있는 곳이기도 합니다. 갈라파고스 제도를 방문하려는 관광객들의 수가 급증하면서 생태계의 혼란이 야기되고 지속 불가능한 성장을 초래하고 있습니다. 관광객들의 무분별한 쓰레기 배출이 갈라파고스의 동식물들에게 극심한 피해를 주고 있다는 것을 인지하고는 있지만 지금까지 제대로 된 관리가 되고 있지 않은 실정입니다. 우리 인류의 소중한 자연 유산인 갈라파고스 제도를 지키기 위해서 더욱 적극적인 제도 마련이 필요한 시점입니다.

Lección 9

Esa es la razón por la cual te llamé anoche.

그게 내가 어젯밤 너에게 전화한 이유야.

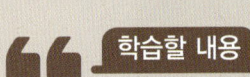 학습할 내용

1. 관계대명사 que와 quien
2. 관계대명사 el que(cual), lo que(cual), cuanto
3. 관계형용사 cuyo와 cuanto

멕시코 익킬 세노테 Cenote Ik-Kil

<Dos amigos están charlando sobre la ex-novia de uno de ellos.>

Raúl	¿Por qué no me dijiste que habías visto a Lucía con otro?
Simona	Porque pensé que sería mejor no decirte nada sobre eso. Ella preguntó por ti, pero me dijo que ya no tenía nada que ver contigo.
Raúl	Bueno, ¿cómo era él?
Simona	Lo que pasa es que no era uno. Eran dos. O sea, me parecía que Lucía tenía un rollo con dos chicos. Uno tenía barba y llevaba gafas y el otro era súper alto y estaba vestido bien lujosamente.
Raúl	¿Dos chicos? ¿El que llevaba ropa elegante era guapo? ¿Parecía rico?
Simona	Sí, bastante. Bueno, al menos para mí. Oye, ¿has visto la foto que Lucía ha subido a las redes sociales besándose con él?
Raúl	No. Es que ella me bloqueó y su cuenta es privada. ¿Me dejas ver?
Simona	Pues, creo que es mejor que no la veas. Por cierto, ¿eras tú el que me llamó anoche?
Raúl	Claro. Siento mucho haberte llamado tan tarde. Es que Ángel me dijo que tú sabrías algo de Lucía… Esa es la razón por la cual te llamé anoche.
Simona	Ya veo. Vosotros parecíais la pareja ideal… ¿Quién hubiera pensado que tú y Lucía os separaríais?
Raúl	Ella era la única chica que sabía todo sobre mí.

〈두 친구가 그들 중 한 명의 전 여자친구에 대해서 이야기하고 있습니다.〉

라울 루시아가 다른 남자랑 있는 걸 봤다고 왜 말 안 했어?

시모나 왜냐면 그것에 대해서 너에게 말하지 않는 것이 더 좋을 거라고 생각했어. 너에 대한 안부를 묻긴 했지만 나한테 너와는 이제 아무런 관련이 없다고 말했어.

라울 음, 그 남자는 어땠어?

시모나 사실 한 명이 아니었어. 두 명이더라. 내 말은 내가 보기에 루시아가 2명의 남자와 썸을 타고 있는 것 같았어. 한 명은 턱수염이 있었고 안경을 썼고, 다른 한 명은 키가 엄청 컸고 꽤 사치스러운 옷을 입고 있었어.

라울 2명이라고? 호화스러운 옷을 입었던 남자는 잘생겼어? 부자일까?

시모나 응, 꽤 잘생겼어. 적어도 나한테는. 야, 루시아가 SNS에 그 남자랑 키스하고 있는 사진을 올린 거 봤어?

라울 아니. 루시아가 나를 차단했고 계정도 비공개 계정이야. 보여줄 수 있어?

시모나 안 보는 게 좋을 것 같다. 그건 그렇고, 어젯밤에 전화한 사람이 너야?

라울 맞아. 그렇게 늦은 시간에 전화해서 미안해. 앙헬이 네가 루시아에 대해 뭔가를 알고 있을 거라고 말해줘서 …. 그게 내가 어젯밤 너에게 전화한 이유야.

시모나 그렇구나. 너희는 완벽한 커플처럼 보였는데 …. 너랑 루시아가 헤어질 거라고 누가 생각이나 했겠니?

라울 루시아는 나의 모든 것을 아는 유일한 여자였어.

Vocabularios

- **red** *f.* (통신) 망
- **separarse** 이혼하다, 갈라서다

Expresiones

- **tener nada que ver con …** ~와 아무런 관련이 없다
- **tener un rollo con alguien** ~와 썸 타다
- **redes sociales** SNS (소셜 네트워크 서비스)

문법 익히기

1 관계대명사 que와 quien

관계사는 두 문장을 하나의 문장으로 연결할 때 사용하며 관계대명사 que와 quien을 구분하면 다음과 같습니다.

	que	quien
선행사	사람, 사물	사람
단/복수 변화	X	O (quienes)
주격인 경우	제한적, 설명적 용법	설명적 용법
선행사 포함 가능 여부	X	O (~하는 사람(들))

관계대명사 que와 quien의 가장 큰 차이점 중 하나는 관계대명사 quien은 주격으로 사용될 경우 '설명적 용법'으로만 사용된다는 것입니다. 다시 말해서 선행사가 종속절의 주어 역할을 할 경우 관계대명사 quien을 사용하려면 선행사 뒤에 coma(콤마)를 사용해야 합니다.

Busco un chico que sepa árabe.
나는 아랍어를 할 줄 아는 남자를 찾는다. [제한적]

Busco a un chico, que sabe árabe.
나는 한 남자를 찾는데, 그는 아랍어를 할 줄 안다. [설명적]

Busco a un chico, quien sabe árabe.
나는 한 남자를 찾는데, 그는 아랍어를 할 줄 안다. [설명적]

비문 * **Busco un chico quien sepa árabe.** [제한적]

¡OJO!

● 제한적 용법과 설명적 용법은 어떻게 다른가요?

① 제한적 용법 : 말 그대로 선행사의 의미를 제한(한정) 하는 역할

해석 시, 선행사를 꾸며주는 형용사적 해석(~하는 선행사)을 해야 합니다. que절 뒤에는 말하는 이의 의도에 따라서 직설법, 접속법 모두 사용이 가능합니다.

② 설명적 용법 : 선행사의 의미를 한정하는 것이 아니라 선행사가 가지고 있는 특징(특성) 중 하나를 나타내는 용법

해석 또한 선행사를 한정하는 해석이 아닌 부연 설명(계속적 해석)으로 이루어져야 하고 선행사와 관계사 사이에 반드시 coma(콤마)를 사용해야 합니다. 선행사는 이미 그 자체로도 구체적이고 특정적이기 때문에 콤마 뒤의 종속절에는 직설법만 사용됨을 반드시 주의해야 합니다.

Tengo un hijo que es bombero.
나는 소방관인 아들이 있다. [제한적]

Tengo un hijo, que es bombero.
나는 아들이 한 명 있는데, 그는 소방관이다. [설명적]

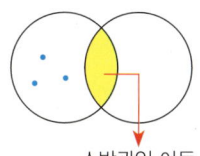
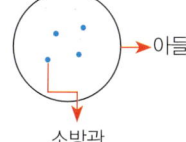

소방관인 아들
〈제한적 용법〉
(다른 아들 존재 가능성 在)

소방관
〈설명적 용법〉
(외동아들이며 그 아들의 특징 중 하나)

Busco un alumno que sabe nadar.
(있다고 생각하며) 수영할 줄 아는 학생을 찾습니다. [제한적]

Busco un alumno que sepa nadar.
(있을지 모르겠지만) 수영할 줄 아는 학생을 찾습니다. [제한적]

Busco a un alumno, que(quien) sabe nadar.
학생 한 명을 찾는데, 그 학생은 수영을 할 줄 알아요. [설명적]

비문 * Busco un alumno, que(quien) sepa nadar.
학생 한 명을 찾는데, 그 학생은 수영을 할 줄 알아요. [설명적]

선행사가 사람이나 인칭대명사인 경우, 그 자체로 매우 특정적이기 때문에 콤마를 동반한 설명적 용법으로 사용합니다.

Elena, que(quien) es mi mejor amiga, llegó a ser profesora de español.
엘레나는 나의 가장 친한 친구인데, 스페인어 선생님이 되었다.

Él, que(quien) no sabe nada de esa coyuntura, no tiene derecho a hablar.
그는 그 상황에 대해 전혀 모르니, 말할 자격이 없다.

No conozco a Mar, con quien(la que) pronto va a casarse Pepe.
나는 마르를 모르는데, 페페는 곧 마르와 결혼해.

• Vocabularios • coyuntura f. 상황, 정세

문법 익히기

Antonio Banderas, que(quien) es un actor español muy famoso, abrió un teatro cerca de mi casa.
안토니오 반데라스는 유명한 스페인 배우인데, 나의 집 근처에 극장을 설립했다.

선행사가 주격으로 쓰이지 않은 경우, 제한적/설명적 용법 모두 사용이 가능합니다. 또한, 관계대명사 que에 전치사가 동반될 경우 일반적으로 선행사에 해당하는 정관사를 동반해야 합니다. 선행사가 장소나 시간을 나타내는 경우 정관사가 생략된 형태가 빈번히 사용되지만 선행사가 사람인 경우에는 정관사를 생략할 수 없습니다.

El señor a quien(= al que 또는 que) estás esperando ya no volverá.
네가 기다리고 있는 그 남자는 이제 돌아오지 않을 거야.

Esa es la chica, de la que(= de quien) te hablé el otro día.
바로 그 여자야, 며칠 전에 내가 너에게 말했던.

Decidimos vender el piso en (el) que vivimos desde 2010.
우리가 2010년부터 살았던 집을 팔기로 했어.

Ya es la hora en (la) que debemos partir.
이제 우리가 출발해야 할 시간이다.

> ¡OJO!
>
> 선행사가 사람이면서 종속절에서 직접목적어(~을/를)의 역할을 할 경우, 생명체를 나타내는 목적격 표시자 a 없이 que만 사용할 수 있습니다.
>
> ¿Conoces a la señora a la que saludó Juan?
> = ¿Conoces a la señora a quien saludó Juan?
> = ¿Conoces a la señora que saludó Juan?
> 너는 후안이 인사한 그 부인을 아니?
>
> Tip saludar ~을 맞이하다 (직접목적어 필요)

• Vocabularios estar de baja por maternidad/paternidad 육아 휴직 중이다   musicoterapia f. 음악 요법

2 관계대명사 el que(cual), lo que(cual), cuanto

• 관계대명사 el que(cual)

선행사가 있는 경우 반드시 설명적 용법으로만 사용 가능하며, el que 형태는 선행사를 포함한 의미로 사용될 수도 있습니다. 반면, el cual은 선행사 없이 독립적으로 사용할 수 없으며 el que보다 문어체적인 특징을 가지고 있습니다.

(1) **선행사의 역할을 할 수 있는 명사가 둘 이상인 경우 선행사를 분명히 하기 위해**

El hermano de Pilar, el que está de baja por paternidad, trabaja en un bachillerato.
필라르의 남자 형제는 지금 육아 휴직 중인데, 고등학교에서 일한다.

Vivía con Ángel y su prima, la cual trabajaba en la Embajada de los Estados Unidos.
나는 앙헬과 그의 사촌과 함께 살았는데, 그의 사촌은 미국 대사관에서 일했다.

(2) **이미 언급된 선행사의 반복을 피하기 위해**

Oye, ¿cuál es tu bolso? – El que tiene un pañuelo atado.
야, 어떤 게 너의 핸드백이야? – 스카프로 묶여 있는 거.

비문 * El cual tiene un pañuelo atado.

Me gustan más estas gafas que las que tú me recomendaste.
네가 나에게 추천한 안경보다 나는 이 안경이 더 마음에 들어.

(3) **선행사를 포함한 의미** (~하는 사람(들))

El que(= Quien) habla con fluidez el español, puede vivir en cualquier sitio de América Latina.
스페인어를 유창하게 말하는 사람은 라틴아메리카의 어느 장소든 살 수 있다.

La musicoterapia sirve para los que(= quienes) tienen depresión.
음악 요법은 우울증을 가진 사람에게 도움이 됩니다.

문법 익히기

Es Marisol la que(= quien) me engañó repetidas veces.
반복적으로 나를 속인 사람이 바로 마리솔이다.

[비문] * El cual habla mucho, sabe poco.
말을 많이 하는 사람은, 아는 게 거의 없다.

> **¡OJO!**
> - 선행사가 하나만 있어도 관계대명사 el que를 사용할 수 있어요!
>
> 이 경우 언제나 설명적 용법으로 사용해야 합니다.
>
> Necesito ese libro, el que te presté.
> 그 책이 필요해, 내가 너에게 빌려준 그 책.
>
> [비문] * Necesito ese libro el que te presté. 그 책이 필요해, 내가 너에게 빌려준 그 책.
>
> Necesito ese libro que te presté.
> 내가 너에게 빌려준 그 책이 필요해.

• 관계대명사 lo que(cual)

관계대명사 lo que는 선행사를 구체적으로 언급하고 싶지 않을 때나 언급할 수 없는 개념일 때 선행사 없이 독립적으로 사용하거나 선행사가 문장 전체인 경우 사용합니다. 후자의 경우만 lo cual로 바꾸어 사용할 수 있습니다.

(1) **선행사 없이 독립적으로 사용하는 경우** (~하는 것)

No sé si entiendo exactamente lo que me dices.
네가 나에게 말한 것을 정확히 이해했는지 나는 모르겠어.

No digas a nadie lo que pasó anoche.
어젯밤 일어난 일은 아무에게도 말하지 마.

[비문] * Lo cual más me gustaría hacer contigo es pasar toda la noche juntos.
너와 가장 하고 싶은 것은 같이 밤을 지새우는 거야.

(2) **선행사가 문장 전체인 경우** (그리고 그것이 …, 그 사실로 인해 …, 그 사실에 대해서 … 등)

Mi amigo Juan por fin ha aprobado el examen DELE, lo que(= lo cual) me hace muy feliz.
내 친구 후안이 드디어 델레 시험에 합격했는데, 그 사실이 나를 기쁘게 한다.

Mis padres me permitieron estudiar en el extranjero, por lo que(= por lo cual) me alegro mucho.
(= Mis padres me permitieron estudiar en el extranjero, lo que(= lo cual) me alegra mucho.)
우리 부모님이 내가 외국에서 공부하는 것을 허락하셨는데, 그 사실로 인해 나는 너무 기쁘다. (그 사실이 나를 기쁘게 한다.)

Rechazaron todas mis sugerencias, de lo que(= de lo cual) quería hablar con mi jefe al respecto.
나의 제안들이 모두 거절되었는데, 그 사실에 대해서 나의 상사와 이야기를 나누고 싶었다.

• 관계대명사 cuanto

관계대명사 cuanto는 선행사를 포함한 관계대명사로 '～하는 모든 것(들)'의 의미를 나타내며, 'todo(s) lo(s) que'로 바꾸어 사용할 수 있습니다. 또한, 관계대명사뿐만 아니라 관계형용사의 기능도 가지고 있습니다.

Te daré cuanto(= todo lo que) tengo.
너에게 내가 가진 모든 것을 줄게.

A: Dicen que Ud. guarda todos los documentos en esta habitación.
이 방에 모든 자료들을 보관하고 계시다고 하더라고요.

B: Exacto. Ud. puede pedirme cuantos(= todos los documentos que) necesite para terminar el proyecto.
맞습니다. 프로젝트를 완수하기 위해 필요한 모든 것들(자료들)을 제게 요구하실 수 있습니다.

3 관계형용사 cuyo와 cuanto

• 관계형용사 cuyo

형용사의 기능을 하는 관계사이며 주로 문어체에서 사용되는 관계사입니다. 구어체에서는 주로 접속사 y와 소유형용사를 사용하여 나타내는 경우가 많습니다. 주의해야 할 점은 선행사에 성과 수를 일치시키지 않고 바로 뒤따라 나오는 명사에 성과 수를 일치시켜야 한다는 것입니다. 제한적/설명적 용법 모두 사용 가능하며 전치사를 동반할 수 있습니다.

Te presento a un chico cuya madre es famosa en Corea.
(= Te presento a un chico y su madre es famosa en Corea.)
어머니가 한국에서 유명 인사인 한 남자를 너에게 소개해 줄게.

Salgo con una chica cuyo hermano trabaja como corresponsal en Francia.
(= Salgo con una chica y su hermano trabaja como corresponsal en Francia.)
나는 남자 형제가 프랑스에서 특파원으로 일하고 있는 한 여자와 사귄다.

Conozco a una señora, cuyos hijos han cosechado grandes éxitos en sus negocios.
(= Conozco a una señora y sus hijos han cosechado grandes éxitos en sus negocios.)
나는 한 부인을 아는데, 그 부인의 자식들은 그들의 사업에 큰 성공을 거두었다.

Buscamos un joven, en cuya casa se realizó una fiesta anoche.
(= Buscamos un joven y en su casa se realizó una fiesta anoche.)
우리는 한 젊은이를 찾고 있는데, 그의 집에서 어젯밤 파티가 열렸다.

Me encontré con Jaime, con cuya novia estoy planeando veranear en un chalé.
(= Me encontré con Jaime y con su novia estoy planeando veranear en un chalé.)
하이메와 우연히 마주쳤는데, 나는 그의 여자친구와 별장에서 여름을 보낼 계획을 세우고 있다.

관계형용사 cuanto

cuyo와 마찬가지로 형용사의 기능을 하는 관계사입니다. cuanto는 형용사의 기능뿐만 아니라 앞에서 언급한 대로 대명사의 의미 또한 가지고 있으며 부사의 의미로 사용되기도 합니다. cuyo와 동일하게 뒤따라 나오는 명사에 성과 수를 일치시켜야 합니다.

Si ganas tú, te doy cuanto dinero(= todo el dinero que) tengo.
네가 이기면, 내가 가진 모든 돈을 너에게 줄게.

Francisco tomó cuantas medidas(= todas las medidas que) juzgó necesarias con el fin de protegerla.
프란시스코는 그녀를 지키기 위해 필요하다고 판단되는 모든 조치를 취했다.

> ¡OJO!
>
> ● cuanto는 '부사'로도 쓰일 수 있어요!
>
> Le aconsejé que llorase cuanto quisiera.
> 나는 그에게 울고 싶은 만큼 울라고 조언했다.
>
> Cuanto peor iban las cosas, más crecíamos.
> 상황이 악화될수록 우리는 더욱 성장했다.
>
> Había que regresar a casa cuanto antes.
> (= Había de regresar a casa lo más pronto posible.)
> 그들은 가능한 한 빨리 집으로 돌아가야만 했다.

・Vocabularios   corresponsal *m.f.* 특파원   cosechar éxitos en … ~에 성공을 거두다   veranear 여름을 보내다
chalé *m.* 별장   juzgar 판단하다

연습 문제

 문법적으로 올바른 문장은 O, 틀리거나 어색한 문장은 X 표시 후 바르게 고쳐보세요.

(1) Esta es la casa en que vivía de pequeña.   (   )

(2) Hablé con un chico quien está encargado del concierto.   (   )

(3) Elsa, quien es una de mis mejores amigas, hizo chuletas
    para el examen.   (   )

(4) Los cuales comen mucho, engordan.   (   )

(5) La hija de Andrés, el que es bastante lista, aprobó una oposición. (   )

(6) El hombre con que Pilar vivía ha inaugurado un nuevo proyecto. (   )

(7) Es Juliana que tuvo un accidente grave anoche.   (   )

(8) Me he quedado de piedra al verla, por lo que no pude
    decirle nada.   (   )

(9) Esa es la actriz en la que estábamos pensando para
    la nueva película.   (   )

(10) Lo que me molesta son los bichos en la habitación.   (   )

• Vocabularios • hacer chuletas 부정행위를 하다   inaugurar 착수하다, 시작하다
quedarse de piedra (몸이 굳어버릴 정도로) 놀라다   pegatina f. 스티커   estar ingresado 입원하다
actuación f. 공연

(11)　¿Cuál es tu maleta? – La cual tiene pegatina.　　　　　(　　)

(12)　Fui de vacaciones con un chileno con quien había hecho amistad en Santiago.　　　　　(　　)

(13)　Jaime, el cual ya conoces, está ingresado en el hospital.　　(　　)

(14)　Mi mujer me dijo una mentira, lo cual me molestó tanto.　　(　　)

(15)　Nadie sabía dónde está el director, sin el que no podía empezar la actuación.　　　　　(　　)

(16)　No tengo hambre, así que come cuantas tartas quieras.　　(　　)

(17)　Estáis de vacaciones. Dormid cuanto queráis.　　　　　(　　)

(18)　A la novia de Martín la que es belga le ha tocado la lotería.　(　　)

연습 문제

2 관계형용사 cuyo(-a, -os, -as)를 이용하여 문장을 한 문장으로 만들어보세요.

(1) Conozco a una chica. Su hijo es un atleta bien famoso.

→ _____

(2) Estoy leyendo un libro. El autor (del libro) es mi viejo amigo.

→ _____

(3) Celina está arreglándose para salir. Su hijo ha batido un récord anual.

→ _____

(4) Ese es el chico. Andrea se enamoró de su hermano.

→ _____

(5) Silvia es la chica. Hemos hablado con su novio.

→ _____

• Vocabularios • batir un récord 기록을 경신하다   ponencia *f.* 연구 발표, 논문 발표

3 제시된 문장을 작문해 보세요.

(1) Marina가 기다리고 있는 그 남자는 절대로 돌아오지 않을 것이다.

→ _____

(2) 그 사건에 대해 전혀 모르고 있던 Julio는 갑작스럽게 회사에서 해고를 당했다.
   (despedir, inesperadamente)

→ _____

(3) 나의 학생들이 수업에 자주 지각을 하는데, 그것이 나를 성가시게 한다.

→ _____

(4) 1971년에 노벨 문학상을 수상한 Pablo Neruda는 20세기의 가장 대표적인 시인들 중 하나로 손꼽힌다. (el Premio Nobel de Literatura)

→ _____

(5) 마드리드에서 막 돌아온 김 교수는 오늘 자신의 연구에 관한 논문을 발표한다.
   (presentar una ponencia)

→ _____

이중언어가 익숙한 스페인, 스페인의 지역 공용어

스페인은 17개의 지방 자치주comunidad autónoma로 나뉘어 있으며 각각의 행정구역마다 서로 다른 독특한 문화를 가지고 있습니다. 정치, 경제, 사회 문화 전반에 있어서 고유의 자치권을 가지고 있으며 그 차이는 언어에서도 드러나고 있습니다. 스페인의 현재 국가 공용어인 스페인어는 카스티야 왕국에서 써오던 스페인어이기 때문에 '카스티야어castellano'라고도 불리며 스페인의 모든 지역에서 통용되고 있습니다. 스페인에서는 카스티야어 이외에도 각 지역마다 다양한 언어가 사용되고 있는데 이러한 지역 공용어는 공식적 언어와 비공식적 언어로 나눌 수 있습니다. 카스티야어 이외에 대표적인 공식 지역 공용어로는 카탈루냐어, 바스크어, 갈리시아어, 발렌시아어 등이 있습니다.

- **카탈루냐어catalán**
  스페인에서 제2의 도시라 불리는 바르셀로나가 중심도시로 있는 카탈루냐Cataluña주에서 사용되는 지역 공용어입니다. 스페인어보다도 프랑스어와 비슷한 발음을 가지고 있을 만큼 국가 공용어인 카스티야어와 많은 차이를 보이는 언어 중 하나입니다.

- **바스크어vasco(euskera)**
  이베리아반도의 북부 피레네산맥과 맞닿아 있는 바스크País Vasco주에서 사용하는 지역 공용어입니다. 바스크는 지역 색깔이 가장 뚜렷한 지방 자치주이기 때문에 언어에서도 뚜렷한 차이를 보이고 있습니다. 하지만 바스크어의 어원은 아직까지도 뚜렷하게 알려지지 않았습니다. 바스크에서 사용하는 언어를 바스크어로 '에우스케라euskera'라고 합니다.

- **갈리시아어gallego**
  스페인 북서쪽에 위치한 갈리시아주에서 사용하는 지역 공용어이며 포르투갈과 국경을 접하고 있어서 카스티야어보다 포르투갈어와 더 유사한 언어입니다.

- **발렌시아어** valenciano

  스페인 동쪽에 위치하여 지중해와 맞닿아 있는 스페인의 발렌시아주에서 사용하는 공용어입니다. 카스티야어보다 카탈루냐어와 유사하며 이베리아 로망스어군의 모사라베어 mozárabe를 시작으로 다양한 언어적 영향을 받아서 완성된 라틴어의 파생 언어입니다.

스페인 내에서는 공식적인 지역 공용어 이외에도 아라곤어, 칸타브리아어, 레온어 등 다양한 비공식 지역 언어 또는 방언이 존재하지만, 지역에 상관없이 스페인 사람들은 국가 공용어인 카스티야어를 구사할 수 있습니다. 이러한 언어의 다양성은 스페인의 독특한 지역주의 문화를 보여주고 있으며 각 지역의 고유한 정체성을 존중하고 있음을 알 수 있습니다.

Lección 10

No te puedes imaginar lo mal que lo he pasado.

내가 얼마나 힘들게 시간을 보냈는지 넌 상상도 못 할 거야.

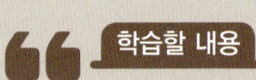 학습할 내용

1. 중성관사와 중성대명사 lo
2. 관계부사의 쓰임

톨레도 알모나시드 성 Castillo de Almonacid

<Dos amigos están charlando tras subir a la montaña.>

Rodrigo: ¡No sabes lo cansado que estoy! Uf, me duele un montón la espalda.

Isabel: A mí lo que me duele es el tobillo. Y si no hago un poco de estiramiento, seguro que pronto me dolerán las rodillas.

Rodrigo: Lo mismo digo yo. Por cierto, ¿qué tal va la convivencia con tu primo?

Isabel: Ni me lo recuerdes. No te puedes imaginar lo mal que nos llevamos. Pero bueno, él es el que cocina, así que yo solo compro la comida. Lo bueno es que nos dividimos las tareas del hogar. Y tú, ¿qué tal llevas lo de volver a vivir con tus padres?

Rodrigo: Pues bien. Son muy tolerantes y hago todo lo que me da la gana, pero… si tuviera más dinero, viviría solo o con amigos.

Isabel: ¿Con amigos? Ya sabes que mi compañera de piso me ha engañado con mi ex-novio sin ni siquiera dar la cara. Creía que era una amiga leal y sincera, pero…

Rodrigo: Si a mí me hubiese pasado eso, creo que no querría volver a ver a ninguno de los dos. Ni a ella ni a él.

Isabel: No te puedes imaginar lo mal que lo he pasado. En aquel entonces todos mis amigos pensaban que yo estaba bien porque así lo aparentaba, aunque de hecho, sentía que el mundo se estaba derrumbando.

Rodrigo: Bueno, nena. Es tiempo de que te olvides de tu ex. En los momentos cuando te acuerdes de él, distráete con otra cosa.

〈두 친구가 등산 후 대화를 나누고 있습니다.〉

로드리고　내가 얼마나 힘든지 너는 모를 거야! 등이 너무 아프다.

이사벨　나는 발목이 아프네. 스트레칭을 안 하면 곧 무릎이 아플 거야.

로드리고　나도 그럴 것 같아. 그건 그렇고, 사촌이랑 같이 사는 건 어때?

이사벨　떠올리게 하지도 마. 우리가 서로 얼마나 안 맞는지 넌 상상도 못 할 거야. 근데 뭐, 사촌이 요리를 해줘서 나는 음식을 사기만 하면 돼. 좋은 점은 집안일을 나눠서 한다는 거야. 너는 다시 부모님과 사는 거 어때?

로드리고　음 좋아. 굉장히 관대하시고 내가 하고 싶은 것들은 다 하고 있지만 … 돈이 더 있다면 혼자 살거나 친구랑 살 거야.

이사벨　친구랑? 내 하우스 메이트가 내 전 남자친구와 몰래 바람피운 거 너도 알고 있잖아. 믿을 만하고 진실한 친구라고 생각했는데 ….

로드리고　나한테 그런 일이 일어났더라면, 그 둘 중 한 명도 다시 보고 싶지 않을 거야. 애인이든 친구든.

이사벨　내가 얼마나 힘들게 시간을 보냈는지 넌 상상도 못 할 거야. 그 당시에 내 모든 친구들이 내가 괜찮아 보인다고 생각했지만, 사실은 세상이 무너지는 줄 알았어.

로드리고　친구야. 이제 전 남자친구를 잊을 시간이야. 그 사람이 생각나는 순간에 다른 일을 하면서 기분 전환을 해 봐.

Vocabularios

- tobillo *m.* 발목
- estiramiento *m.* 스트레칭
- tolerante 관용적인, 관대한
- engañar 속이다, 바람피우다
- leal 믿을 만한, 충실한
- derrumbarse 무너지다, 쓰러지다

Expresiones

- tarea del hogar 집안일
- dar la cara 당당하게 맞서다, 대면하다

문법 익히기

1 중성관사와 중성대명사 lo

• 중성관사 lo

관사에서 '관'은 한자로 '갓 관(冠)'자를 사용하며 명사에 관을 씌운다는 의미로 명사에 특정성을 부여하거나 단수와 복수, 명사의 성 등을 나타낼 수 있습니다. 스페인어에는 중성 명사가 존재하지 않기 때문에 중성관사 lo 뒤에는 명사가 아닌 형용사가 뒤따릅니다. 이 형용사에 관을 씌워 명사화 시키는 기능을 하는 것이 바로 중성관사 lo입니다. 형용사 외에도 앞선 과에서도 설명했듯이 관계절(que절)과 함께 쓰여 명사절(~하는 것)을 만들어 줍니다.

Lo mejor de aprender español es poder hablar con latinoamericanos.
스페인어를 배우면 가장 좋은 것은 라틴아메리카 사람들과 이야기할 수 있다는 것입니다.

Lo importante es que tú seas feliz. 중요한 것은 네가 행복한 것이다.

Jaime y Alex hacen todo **lo necesario**. 하이메와 알렉스는 필요한 모든 것을 한다.

Lo que me gusta más son las actividades extraescolares.
내가 가장 좋아하는 것은 방과 후 활동이다.

No entiendo nada de **lo que** me estás diciendo.
네가 나에게 말하고 있는 것을 하나도 못 알아듣겠어.

Lo que pasa es que no quiero participar en ese certamen.
사실 나는 그 대회에 참가하고 싶지 않아.

Martina es mucho menor de **lo que** pensaba.
마르띠나는 생각보다 훨씬 어리다.

¡OJO!

(1) 「lo+형용사+ser+que절」뒤에는 문맥에 따라서 직설법, 접속법이 모두 쓰일 수 있어요!

「ser+형용사+que절」은 가치판단으로 뒤에 주로 접속법이 사용되지만, 「lo+형용사+ser+que절」뒤에는 문맥에 따라서 직설법과 접속법이 모두 사용됩니다. 이미 이루어진 사실에 관한 일을 언급할 때에는 직설법을 사용하지만, 아직 이루어지지 않았지만 미래에 이루어질 가능성이 있는 것이라면 접속법을 사용합니다.

Lo bueno es que **estás** aquí conmigo.
좋은 것은 여기 네가 나와 함께 있다는 거야. → 현재 함께 있음   [직설법]

Lo bueno es que **estés** aquí conmigo.
좋은 것은 여기 네가 나와 함께 있을 수 있다는 거야. → 미래에 함께 있을 가능성 있음   [접속법]

> (2) 동사 ser는 언제나 주어에 인칭과 수를 일치시키지 않아요!
>
> 일반적으로 동사는 주어에 인칭과 수를 일치시키지만, ser동사는 주어와 보어 중 지시성이 높은 대상의 동사에 인칭과 수를 일치시켜야 합니다. 1인칭(나, 우리)과 2인칭(너, 너희)는 3인칭보다 지시성이 높고 3인칭 복수가 3인칭 단수보다 지시성이 높습니다.
>
> 1인칭, 2인칭 〉 3인칭 / 3인칭 복수 〉 3인칭 단수
>
> El culpable soy yo.   범인은 바로 나야.   [보어인 yo에 일치]
> El ganador no eres tú.   승자는 네가 아니야.   [보어인 tú에 일치]
> El problema no son los Estados Unidos.   문제는 미국이 아니다.   [보어인 los Estados Unidos에 일치]
>
> (3) 비교급에서 비교 대상이 lo que절인 경우, 비교절 앞에 que를 쓰지 않고 전치사 de를 사용해요!
>
> Teresa es más rica de lo que parece.   테레사는 보기 보다 더 부유하다.
> El cuarto era menos grande de lo que pensaba.   방은 생각보다 덜 컸다. (작았다.)

중성관사 lo를 사용하여 감탄문을 만들 수 있습니다. 형태는 「lo+형용사/부사+que+동사+주어」로 동사는 que절의 주어에 인칭과 수를 일치시켜야 합니다.

¡Lo hermosas que son estas rosas! = ¡Qué hermosas son estas rosas!
이 장미가 너무 아름답다!

No sabrías lo guapa que eres. = No sabrías qué guapa eres.
너는 네가 얼마나 예쁜지 모를 거야.

¡Lo bien que cantaba mi hijito! = ¡Qué bien cantaba mi hijito!
우리 아들이 어찌나 노래를 잘하던지!

- **중성대명사 lo**

(1) 앞 문장 전체를 가리킬 때

Mi abuela falleció ayer. – Lo siento mucho. Mi más sincero pésame.
저희 할머니가 어제 돌아가셨어요. - 매우 유감이네요. 삼가 고인의 명복을 빕니다.

• Vocabularios extraescolar 교외의   certamen m. 대회, 콘테스트   pésame m. 조의, 애도
Mi más sincero pésame. 삼가 고인의 명복을 빕니다.

문법 익히기

¿Sabías que me enamoré de ti? Fue un flechazo. – No, no lo sabía.
내가 너에게 사랑에 빠졌다는 거 알고 있었어? 첫눈에 반했어. – 아니, 몰랐어.

Jaime, ¡espabílate, o vas a perder el tren! – Ya lo sé.
하이메, 서둘러야 해, 그러지 않으면 열차를 놓칠 거야! – 나도 알고 있어.

(2) ser, estar, parecer의 주격보어(주어를 보충해 주는 형용사나 명사)**를 받을 때**

Yolanda es panameña, ¿verdad? – Sí, lo es.
욜란다는 파나마 사람이지, 맞지? – 응, 파나마 사람이야.

Vaya, parecéis agotados. – ¿Sí? Pero no lo estamos tanto.
이런, 너희 엄청 피곤해 보여. – 그래? 그런데 우리는 그렇게 피곤하지 않아.

Creo que Ana no es defeña. – ¡Qué va! Sí que lo es.
아나는 멕시코시티 출신이 아닌 것 같아. – 무슨 소리야! 멕시코시티 출신 맞다니까.

(3) 말하지 않아도 서로 암묵적으로 알고 있는 내용일 때 (lo de ...)

Siento mucho lo de ayer.
어제 일은 미안해.

¿Has escuchado ya lo de Juliana?
훌리아나의 일을 너는 이미 들었니?

Señor, ¿qué quería comer? – Lo de siempre, por favor.
뭐 드시겠어요? – 항상 먹는 걸로 부탁합니다.

2 관계부사의 쓰임

관계부사는 앞선 과에서 설명한 관계대명사와 달리 선행사가 시간, 장소, 방법일 때 사용됩니다. 문장에 따라서 선행사를 포함하여 사용하는 경우도 있으며 때로는 관계대명사로 대체되는 문장도 존재합니다.

- **cuando**

Nunca olvidaré el día cuando(que, en (el) que) nos conocimos por primera vez. 우리가 처음 만난 날을 난 절대 잊지 않을 거야.

El teléfono sonó de repente en el momento cuando(que, en (el) que) Lucas regresó a casa. 루카스가 집에 들어오는 순간 전화벨이 울렸다.

Este año, cuando(que, en (el) que) se cumplen 20 años de nuestro aniversario de boda, haremos un viaje inolvidable.
결혼 20주년이 되는 올해, 우리는 잊을 수 없는 여행을 떠날 것이다.

- **donde**

No me gustaría visitar los países donde(en (los) que) no se respetan uno a otro. 서로를 존중하지 않는 나라들은 방문하고 싶지 않다.

Ese es el despacho donde(en (el) que) yo trabajaba.
= Ese es el despacho en donde yo trabajaba.
여기가 내가 일했던 집무실이야.

Esa es la cafetería adonde(a (la) que) íbamos a menudo de pequeños.
여기가 우리가 어렸을 때 자주 가던 카페테리아야.

- **como**

Todos nosotros conocemos (la manera) como lo ha hecho él.
우리 모두는 그가 그것을 한 방법을 알고 있다.

Vivo (del modo) como me ha enseñado mi madre.
나는 나의 어머니가 가르쳐 준 방식대로 산다.

Juan preparó la comida (del modo) como le explicó el cocinero.
후안은 요리사가 설명한 대로 음식을 준비했다.

- Vocabularios -
flechazo *m.* 화살 쏘기, 첫눈에 반함 (큐피드의 화살)   espabilarse 서두르다
panameño/a 파나마 사람(인)   defeño/a 멕시코시티 사람(인)

연습 문제

1 문법적으로 올바른 문장은 ○, 틀리거나 어색한 문장은 X 표시 후 바르게 고쳐보세요.

(1) Sois salvadoreños, ¿verdad? – No, no lo somos.   (   )

(2) Lo siento mucho llegar tarde.   (   )

(3) ¿No sabes lo guapa que eres tú?   (   )

(4) Lo lógico es que en el futuro la vida sea más cómoda.   (   )

(5) Para mi altura mi peso ideal es 60 kg.   (   )

(6) Lo que importa es los intereses de los contribuyentes.   (   )

(7) Recuerdo el día en que me invitaste a salir.   (   )

(8) Los materiales inflamables son más peligrosos que lo que piensas.   (   )

(9) Hombre, ¡Aurora va a casarse dentro de una semana! – Tranquilo, ya lo sabía.   (   )

(10) Es la habitación en que duermo.   (   )

・Vocabularios・ contribuyente *m.f.* 납세자   material inflamable 가연성 물질
absurdo/a 터무니없는, 바보 같은

2 중성관사 lo를 활용하여 문장을 바꿔보세요.

(1) ¡Que hermosas estas flores!

   → _____

(2) ¡Cuán importante es usar la mascarilla durante la pandemia!

   → _____

(3) ¡Qué bien cantas tú!

   → _____

(4) ¡Cuán absurda me pareció en aquel entonces!

   → _____

(5) ¡Cuán lejos estamos de verdad!

   → _____

연습 문제

3 빈칸에 알맞은 단어를 채워보세요.

(1) ¿Te acuerdas del día _____ que nació tu primer sobrino?

(2) Esa es la cafetería _____ iba con frecuencia cuando era pequeña.

(3) Estuve buscando la oficina en _____ trabaja señor Martínez durante una hora.

(4) No entiendo la forma _____ os comunicáis.

(5) Nunca olvidaré el momento _____ me dijiste que me animara.

4 제시된 문장을 작문해 보세요.

(1) 그는 그토록 바라온 것을 오늘 이루었다. (anhelar)

  → _____

(2) 내 친구들은 Andrea의 (그) 일을 언급조차 하지 않았다. (ni siquiera)

  → _____

(3) 내가 유일하게 흥미를 가지는 것은 퇴근하고 친구들과 이곳저곳 바를 돌아다니는 것이다.
 (ir de bar en bar)

  → _____

(4) Paco는 결국 상사가 지시한 방법대로 일을 마무리할 수밖에 없었다. (no tener más remedio que)

  → _____

(5) 아버지가 돌아가신 날 밤을 생각하니 나는 눈물이 왈칵 쏟아졌다. (escaparle las lágrimas)

  → _____

라틴아메리카에서의 K-콘텐츠 인기

K-Pop, K-Drama, K-Beauty 등 우리나라의 'K-콘텐츠'가 세계적으로 뻗어나가는 가운데, 라틴아메리카가 한류 확산의 중심지로 떠오르고 있습니다. K-Pop을 시작으로 라틴아메리카의 한류 열풍은 콘텐츠에 대한 관심을 넘어서 한국과 한국 문화에 대한 사랑으로 이어지고 있습니다. 라틴아메리카의 수많은 나라 중 K-콘텐츠의 열기가 가장 뜨거운 나라는 '브라질'입니다.

라틴아메리카 미디어 기업 글로보Globo가 실시한 설문조사에 따르면, 2021년 브라질의 한류 콘텐츠 조회 수가 전년보다 53%나 증가한 것을 확인할 수 있습니다. 또한 코트라 브라질 상파울루 무역관의 2022년 보고서에 따르면 K-콘텐츠를 접하면서 한국인들의 피부 관리와 한국 화장품에 관심을 가지는 브라질 사람들이 크게 늘어나고 있습니다. 이로 인해 브라질에서의 한국 뷰티 산업이 크게 성장하고 있습니다.

　브라질 다음으로 한류에 가장 열광하는 라틴아메리카 국가는 '멕시코'입니다. K-콘텐츠에 대한 관심은 현지 젊은 층을 중심으로 K-Pop이 인터넷으로 급속도로 확산되면서 시작되었습니다. 뉴미디어의 발달과 더불어 멕시코 사람들에게는 익숙하지 않았던 화려한 퍼포먼스가 그들에게 큰 흥미와 볼거리로 다가왔습니다. 최근에는 멕시코의 중서부 할리스코주에 위치한 도시인 과달라하라에서 '한류 페스티벌'을, 멕시코 동북부 누에보레온주에 위치한 몬테레이에서 '한류 엑스포'를 개최하는 등 한국 문화의 위상이 나날이 높아지고 있습니다.

　아르헨티나에서는 매년 6월 '중남미 K-Pop 경연 대회'를 개최하고 있으며, 2022년을 기준으로 13회를 맞이할 정도로 수많은 중남미 국가 사람들의 관심과 사랑을 받고 있습니다. 최근에는 주아르헨티나 한국 문화원의 주최로 한국과 아르헨티나의 전통 의복을 교류하는 패션쇼를 진행하였습니다. 아르헨티나의 수도인 부에노스아이레스에는 줄을 서서 먹는 한식집이 생기고 심지어 우리나라와 동일하게 매년 11월 22일을 '김치의 날'로 공식 제정하기로 결정했습니다. 이처럼 한국의 문화, 음식, 패션 등 다방면에서 아르헨티나 사람들의 관심이 폭증하고 있습니다.

　우리나라는 K-콘텐츠의 수출에 더욱 박차를 가하고 있으며 라틴아메리카 국가들은 한국 콘텐츠에 아낌없는 투자를 지속하고 있습니다. K-콘텐츠는 우리의 공공외교 자산이자 라틴아메리카와 대한민국을 연결하는 가장 중요한 수단으로 자리매김하고 있습니다.

Lección 11

Mañana hará tres meses que me echaron del trabajo.

내일이면 내가 해고당한 지 3개월째 되는 날이야.

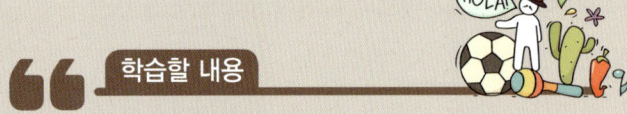

학습할 내용

1. hace+시간명사+que 구문
2. 비인칭 구문 간 차이점

마드리드 알무데나 대성당 Catedral de la Almudena

> 회화 익히기 🎧 11

<Dos amigos están buscando trabajo a través de su móvil.>

Salva	Mira, este puesto de trabajo parece interesante.
Luna	¿Sí? Vamos a leer las condiciones… Horario flexible, formación continua, …
Salva	Pero no ofrecen contrato fijo.
Luna	Uf, es cierto. Pues, hace mucho que no encuentro un trabajo ideal para mí.
Salva	Hombre, lo mismo digo yo. Vamos a buscar otro.
Luna	Venga. ¿Y este qué tal? Horario flexible, contrato fijo, formación continua, …
Salva	Pero mira los requisitos. Hay que ser tanto creativo como comunicativo y tener buena presencia.
Luna	No crees que tengo las tres cualidades, ¿eh? Quizá soy la persona que buscan.
Salva	Bueno, podría ser. A mí solo me falta la creatividad jajaja.
Luna	Ay, no, pero mira, aquí dice que hay que conducir un coche manual. Yo solo sé conducir uno automático.
Salva	Yo tampoco sé. Bueno, conduje una vez un automóvil manual hace 5 años, pero lo olvidé por completo.
Luna	Jo, vaya vida tenemos. Espera, ¿hoy estamos a 30 de julio? Entonces mañana hará tres meses que me echaron del trabajo.
Salva	Mira el lado positivo, nena. Todavía somos tan jóvenes que podemos hacer todo lo que queramos.

〈두 친구가 휴대폰을 통해 일자리를 구하고 있습니다.〉

살바　봐, 이 일자리 흥미로워 보여.
루나　그래? 근무 형태를 읽어보자 …. 유연 근무제, 지속적인 직무교육 제공 ….
살바　그런데 정규직은 아니네.
루나　그러네. 나한테 맞는 이상적인 직무를 발견하지 못한 지 오랜 시간이 흘렀어.
살바　야, 나도 그래. 다른 일자리를 찾아보자.
루나　알겠어. 이건 어때? 유연 근무제, 정규직, 지속적인 직무교육 제공 ….
살바　근데 근무 요건을 봐. 창의적이면서 의사소통이 잘돼야 하고 단정한 용모를 갖춰야 하네.
루나　내가 이 3가지 특징을 다 갖추고 있지 않니? 그들이 찾는 사람이 나인 것 같아.
살바　음, 그럴 수도 있겠네. 나는 창의력이 부족해.
루나　아, 이런, 수동 차량을 운전할 수 있어야 한대. 나는 오토매틱 차량만 운전할 수 있는데.
살바　나도 몰라. 5년 전에 수동 차량을 운전해 보긴 했지만, 완전히 다 까먹었어.
루나　이런, 우리 인생은 참 힘들어. 잠깐, 오늘이 7월 30일이지? 그러면 내일이면 회사에서 해고당한 지 3개월째 되는 날이네.
살바　긍정적으로 생각해. 우린 아직 어리니까 원하는 모든 걸 할 수 있잖아.

Vocabularios y expresiones

Vocabularios

- formación *f.* 교육, 훈련
- presencia *f.* 용모, 출석, 존재
- requisito *m.* 요건, 필요조건
- cualidad *f.* 속성, 특성

Expresiones

- puesto de trabajo 일자리
- formación continua 지속적 직무교육
- horario flexible 유연 근무제
- contrato fijo 정규직

문법 익히기

1 hace + 시간명사 + que 구문

• **hace + 시간명사 + que**

기준 시점이 '현재'이면서 '~한 지 (시간)이 흘렀다' 또는 '(시간)째 ~하고 있다'라는 의미를 나타내는 구문입니다. que절 뒤에 오는 동사는 현재와 관련된 시제(현재시제, 현재완료) 또는 과거시제(단순과거, 불완료과거)가 쓰일 수 있습니다. 기준 시점이 현재이기 때문에 과거완료시제는 사용할 수 없습니다. 의미적으로 유사한 표현으로「llevar + 시간명사 + 분사/형용사/부사/전치사구」 구문이 있습니다.

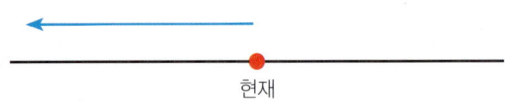

현재

Hace dos años que aprendemos árabe. 우리가 아랍어를 배운 지 2년이 되었다.

(≒ **Llevamos dos años que** aprendiendo árabe. 우리는 아랍어를 2년째 배우고 있다.)

Hace mucho que no como comida chatarra. 나는 오랜 시간 패스트푸드를 먹지 않고 있다.

(≒ **Llevo mucho tiempo** sin comer comida chatarra.
나는 패스트푸드를 먹지 않은 채 많은 시간을 보내고 있다.)

¿Cuánto tiempo hace que padece insomnio Ud.? 불면증을 겪으신 지 얼마나 되셨나요?

– Me cuesta trabajo dormir **desde hace** una semana. 일주일 전부터 자는 게 힘들어요.

Hace dos días que mi padre cumplió 60 años. 우리 아버지가 60세가 된 지 이틀이 지났다.

  비문 * **Hace seis meses que** trabajaré en esta oficina. 이 사무실에서 일할지 6개월이 되었어요.

       * **Hace un día que** Marcelo se había mudado a Seúl.
       마르셀로가 서울로 (이전에) 이사 간 지 하루가 흘렀다.

> **¡OJO!**
>
> ●「hace + 시간명사 + que」 구문은「(desde) hace + 시간명사」 구문과 의미적으로 완전히 동일하지 않아요!
>
> 「hace + 시간명사 + que」 구문은 의미적으로 사건의 '시간적 흐름'을 중점적으로 나타내는 구문이지만「(desde) hace + 시간명사」 구문은 사건이 '과거 어느 시점'에서 일어났음에 주안점을 두고 있습니다. 또한「desde hace + 시간명사」는 '~이래로'라는 desde의 의미적 특성 때문에 동작의 완료를 나타내는 단순과거나 현재완료와 함께 쓰일 수 없습니다.
>
> **Hace seis años que** la conocimos. 우리가 그녀를 알게 된 지 6년이라는 시간이 흘렀다.
> La conocimos **hace seis años**. 우리는 그녀를 6년 전에 알았다.
> La conocemos **desde hace seis años**. 우리는 그녀를 6년 전부터 알고 지낸다.
>   비문 * La conocimos **desde hace seis años**. 우리는 그녀를 6년 전부터 알았다.

따라서 ¿Cuándo la viste?(너는 언제 그녀를 봤어?)에 대한 답변으로 'Hace una semana que la vi.(나는 그녀를 본 지 일주일이 흘렀어.)' 보다 'La vi hace una semana.(나는 일주일 전에 그녀를 봤어.)'가 더 적절하다고 볼 수 있습니다.

• hacía/hizo+시간명사+que

「hacía+시간명사+que」 구문은 기준시점이 '과거'이면서 '(과거에) ~한 지 (시간)이 흘렀다' 또는 '(과거에) (시간)째 ~하고 있었다'라는 의미를 나타냅니다. que절 뒤에 오는 동사가 진행중인 동작을 나타낸다면 불완료과거를, 완료된 상황을 나타낸다면 대과거(había+p.p.)를 사용하며 일반적으로 단순과거는 많이 사용하지 않습니다. 「hizo+시간명사+que」 구문은 과거의 구체적인 시점이 분명히 명시된 경우에만 사용되며 동반되는 동사는 단순과거 시제로만 사용됩니다.

¿Qué estabais haciendo cuando el jefe regresó a la oficina?
– Hacía una hora que preparábamos la exposición.
사장님이 사무실로 돌아왔을 때 너희들은 무엇을 하고 있었어?
– (사장님이 돌아왔을 때는) 발표 준비를 한지 한 시간이 흘렀을 때야. [진행 중]

Hacía dos días que había roto con Paola. (그 당시) 파올라와 헤어진 지 이틀 째였어. [완료]
Sergio ya había dejado de fumar hacía un año. 세르히오는 (그 당시) 이미 1년 전에 담배를 끊었다. [완료]
El jinete no montaba a caballo desde hacía unos días. (그 당시) 기수는 며칠 전부터 말을 타지 않았다.

> 비문 * El jinete no había montado a caballo desde hacía unos días.
> (그 당시) 기수는 며칠 전부터 말을 타지 않았다. → desde와 완료표현 상충

El pasado 13 de septiembre hizo un año que falleció mi abuela.
지난 9월 13일은 우리 할머니가 돌아가신 지 1년째 되는 날이었다.

> 비문 * El pasado 13 de septiembre hacía un año que falleció mi abuela.
> * Hizo un año que falleció mi abuela.

• Vocabularios   comida chatarra 패스트푸드, 정크푸드   padecer (병을) 앓다

문법 익히기

Ayer ya hizo una década que acabó la guerra. 어제가 전쟁이 끝난 지 벌써 10년째 되는 해였다.
Marcelo se fue el domingo pasado hizo dos años.
지난 일요일은 마르셀로가 떠난 지 2년째 되는 날이었다.

- **hará+시간명사+que**

분명한 미래 시점이 제시된 경우에만 사용되며 동반되는 동사의 시제는 미래시제보다 이전 시제인 미래완료시제, 현재관련시제(현재, 현재완료), 단순과거시제가 사용될 수 있습니다. 반드시 구체적인 시점이 언급되어야 하는 「hacía/hará+시간명사+que」 구문에는 불완료과거가 사용될 수 없음에 주의해야 합니다.

Mañana hará un año que lo conozco. 내일이면 그를 안지 1년째 되는 해이다.
비문 * Hará un año que lo conozco.

El próximo viernes hará dos meses que se jubiló Álvaro.
돌아오는 금요일은 알바로가 은퇴한 지 2달이 되는 날이다.

비문 * El próximo viernes hará dos meses que se jubilaba Álvaro.

Ha muerto mi perrito mañana hará una semana.
내일이면 우리 강아지가 죽은 지 일주일이 되는 날이다.

2 비인칭 구문 간 차이점

스페인어의 대표적인 비인칭(impersonal) 구문인 「비인칭의 se+3인칭 단수」 구문과 '3인칭 복수동사' 형태는 의미적으로 동일하지 않습니다. 또한 모든 경우에서 '사람들은 ~하다'로 해석되지 않음에 유의해야 합니다.

- **비인칭의 se+3인칭 단수동사**

비인칭의 se 구문은 '누구나 ~한다, 모두가 ~한다, (모든) 사람들이 ~한다' 등의 의미를 나타냅니다. 이 구문은 많은 경우 듣는 이와 말하는 이(화자와 청자)가 모두 포함되어야 하는 경우에 사용됩니

다. 또한, 주의해야 할 문법 사항으로 비인칭의 se와 함께 남성형 직접목적대명사(lo, los)가 동반되는 경우 lo와 los의 형태는 각각 le와 les로 바뀌게 됩니다. 이러한 변화를 'leísmo 현상'이라고는 볼 수 없으며 비인칭의 se의 언어적 특성이라고 설명할 수 있습니다.

Se habla español en Quito.   키토에서는 (모두가) 스페인어를 사용합니다.   (키토 : 에콰도르 수도)

Aquí se vive feliz.   여기서 모두가 행복하게 삽니다.

Se dice que él es tico.   그가 코스타리카 사람이라고 (나와 너를 포함한) 사람들이 말한다.

A Pablo Picasso se le considera como uno de los artistas más prominentes del mundo. (누구나) 파블로 피카소를 세계에서 가장 뛰어난 예술가 중 한 명이라고 여긴다.

<u>비문</u> * A Pablo Picasso se lo considera como uno de los artistas más prominentes del mundo.

Se critica a los ricos que ignoran a las personas de clase baja.
→ Se les criticaba.
(누구나) 하층민을 무시하는 부자들을 비난한다. → 누구나 그들을 비난한다.

• 3인칭 복수동사

비인칭의 se 구문과 달리 3인칭 복수동사를 통한 비인칭 표현에서 주어는 화자와 청자 모두를 배제합니다. 즉, 동사의 행위에서는 말하는 이와 듣는 이가 포함되지 않습니다. 또한, 언제나 '사람들이 ~한다'라고 복수로 해석되지 않으며 '누군가'의 의미처럼 단수로 해석되는 경우도 많습니다.

Me han expulsado del instituto.
나는 중등학교에서 (학교 관계자들이) 나를 퇴학시켰다. (나는 중등학교에서 퇴학당했다.)

Vienen a reparar mi portátil.
내 노트북을 고치러 누군가 온다.

Hablan español en La Habana.
아바나에서는 (사람들이) 스페인어를 말한다.

Dicen que hacer ejercicio apenas después de comer es un tanto perjudicial.
(사람들이 그러길) 식사를 하자마자 운동을 하는 것은 다소 해롭다고 합니다.

• Vocabularios   jinete *m.f.* 기수   tico/a 코스타리카 사람(인)   prominente 특출난, 뛰어난   expulsar 퇴학시키다
apenas ~하자마자, 고작, 거의 아니다   perjudicial 해로운

연습 문제

1 문법적으로 올바른 문장은 O, 틀리거나 어색한 문장은 X 표시 후 바르게 고쳐보세요.

(1) Ayer hacía una semana que murió mi padre. ( )

(2) Hace tanto tiempo que hemos hecho la cerámica. ( )

(3) Jaime la había conocido desde hacía un año. ( )

(4) El 10 de marzo hizo seis meses que se fue Antonia. ( )

(5) Hace bastante tiempo que haré ejercicio. ( )

(6) Había estado en Tegucigalpa hace un mes. ( )

(7) A Salvador Dalí se lo considera como un genio. ( )

(8) Se cree que la gripe se curará con este medicamento. ( )

(9) Se esperaba que no se extendiera la pandemia. ( )

(10) Han despedido a los trabajadores que tomaron parte en la huelga.
( )

• Vocabularios • cerámica *f.* 도자기　extenderse 퍼지다　tomar parte 참여하다, 가담하다
fiscal *m.f.* 검사 (직업)

2　「Hace+시간명사」 구문을 사용하여 질문에 가장 적절한 답을 적어보세요.

(1) ¿Ahora me dirás cuándo lo viste?

→ _____

(2) ¿Hace cuántos años que tocas la flauta?

→ _____

(3) ¿Cuándo le dijiste la verdad?

→ _____

(4) ¿Desde cuándo conduces?

→ _____

(5) ¿Cuánto hace que eres fiscal?

→ _____

연습 문제

3 「hacía+시간명사」 구문을 사용하여 질문에 적절한 답을 적어보세요.

(1) ¿Qué estabas haciendo cuando llegaron tus padres a casa?

   → _____

(2) ¿Me dices qué hacías cuando te vi en la calle?

   → _____

(3) ¿Cuánto tiempo hacía que había dejado de trabajar Ud.?

   → _____

(4) ¿Cuánto hacía que estabas hospitalizada?

   → _____

(5) Quería preguntarle cuánto tiempo hacía que había cumplido el servicio militar.

   → _____

· Vocabularios · estar hospitalizado/a 입원하다

4 제시된 문장을 작문해 보세요.

(1) 어제는 내가 María와 이혼한 지 1년째 되는 날이었다.

→ _____

(2) 돌아오는 수요일은 그와 결혼한 지 3년째 되는 날이다.

→ _____

(3) 내일이면 한국 축구 대표팀이 카타르에 도착한 지 일주일째다. (la selección coreana de fútbol)

→ _____

(4) (누군가) 그 사건을 경찰에 고발했다. (denunciar)

→ _____

(5) 이 도로는 일방통행이므로 지나갈 수 없습니다. (sentido único)

→ _____

스페인의 와인, 셰리와 카바

스페인은 세계에서 가장 넓은 포도 경작지를 가지고 있을 정도로 와인 생산에 많은 노력을 들이는 나라 중 하나입니다. 스페인 사람들은 식사할 때 와인을 함께 즐겨 마시며 전 국민의 약 80%에 해당하는 사람들이 와인을 소비합니다. 이처럼 누구보다도 와인을 사랑하는 스페인에서 이들만의 독특한 와인인 셰리와 카바가 생산되고 있습니다.

● **셰리 Sherry / 헤레스 Jerez**

화이트 와인에 브랜디 같은 알코올 함량이 높은 술을 첨가하여 만든 와인입니다. 스페인의 남부 안달루시아에 위치한 헤레스 델라 프론테라 Jerez de la Frontera에서 생산되며, '셰리 Sherry'라는 이름은 '헤레스'라는 지명이 프랑스어와 영어를 거치면서 만들어진 표현입니다. 알코올의 도수에 따라 등급이 달라지며, 15~18도 정도의 가장 드라이한 피노 fino와 17~22도 정도로 색이 진하고 가장 도수가 높은 올로로소 oloroso가 대표적입니다. 또한, 숙성 정도가 다른 셰리주끼리 혼합을 시키는 독특한 숙성 시스템인 솔레라 solera를 통해 탄생합니다.

● 카바 Cava

스파클링 와인 종류 중 하나이며 스페인 카탈루냐 지방의 페네데스 Penedés 지방에서 주로 생산됩니다. '카바'라는 말은 스페인어로 '동굴'을 뜻하며 이 와인의 숙성 과정에서 동굴을 사용했기 때문에 붙여진 이름입니다. 숙성 기간에 따라 다양한 등급(호벤, 레세르바, 그란 레세르바)으로 나뉘며 다른 스파클링 와인에 비해 상대적으로 가격이 저렴하기 때문에 언제 어디서나 부담 없이 마실 수 있는 와인입니다. 특히 12월 31일에는 열두 알의 포도 Doce uvas와 함께 카바를 즐기는 것이 스페인의 전통입니다.

Lección 12

Pase lo que pase, estaremos a tu lado.

무슨 일이 있어도, 우리가 네 옆에 있을게.

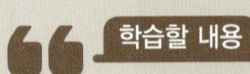 학습할 내용

1. 접속법과 직설법 (구정보와 신정보)
2. 관용적으로 쓰이는 접속법 부사절
3. 절대최상급 -ísimo

마드리드 마요르 광장 Plaza Mayor

회화 익히기

<Un hijo está hablando de su futuro con su madre.>

Hijo Mamá, ¿qué dirías si me voy a México?

Madre ¿A México? ¿De vacaciones? ¡Me apunto!

Hijo Ay, mamá, no de vacaciones. A estudiar.

Madre ¿Te refieres a que vas a hacer un máster en México?

Hijo Exactamente. Ahora ya soy licenciado en Magisterio, pero me gustaría continuar mis estudios para ser un especialista docente.

Madre Bueno, hablaré con tu padre. Aunque no seamos una familia adinerada, tu padre desea que hagas todo lo que quieras para cumplir tu sueño.

Hijo Es verdad. Siempre he podido estudiar sin ninguna dificultad económica gracias a vosotros. Muchas gracias y os quiero mucho.

Madre Y nosotros a ti, mi hijito. Pase lo que pase, estaremos a tu lado. No lo olvides.

Hijo Jamás lo olvidaré, mamá. De hecho ya he pedido la beca y es casi seguro que me la den. ¿No crees?

Madre Claro, seguro que te la van a conceder. Con tus calificaciones universitarias no es nada raro que te la den.

Hijo Pienso lo mismo. Ayer llamé por teléfono al decano de la facultad a la que voy a aplicar, y él era amabilísimo.

Madre ¿De verdad? Bueno, tú eres una persona muy atenta, de ahí que los demás te traten con amabilidad.

〈한 아들이 그의 어머니와 자신의 미래에 대해서 이야기하고 있습니다.〉

아들 엄마, 제가 멕시코에 간다고 하면 뭐라고 하실 거예요?
어머니 멕시코에? 휴가로? 엄마도 끼워줘!
아들 아니, 엄마, 휴가가 아니에요. 공부하러요.
어머니 멕시코에서 석사를 하겠다는 거니?
아들 맞아요. 이제 교육학 학사 학위를 받았지만, 교육 전문가가 되기 위해서 공부를 계속하고 싶어요.
어머니 네 아빠와 이야기해 볼게. 우리가 부유한 집안은 아니지만 너희 아빠는 네가 꿈을 이루기 위해 하고 싶은 모든 것을 하기를 바라시잖니.
아들 맞아요. 엄마, 아빠 덕분에 항상 경제적으로 어려움 없이 공부를 할 수 있었어요. 정말 감사하고 많이 사랑해요.
어머니 아들아, 우리도 너를 많이 사랑한단다. 무슨 일이 있어도, 우리가 네 옆에 있을게. 잊지 말렴.
아들 절대 잊지 않을게요, 엄마. 사실 이미 장학금을 신청해놨고 제게 줄 거라고 거의 확신해요. 그렇지 않아요?
어머니 물론이지, 네게 장학금을 줄 거라고 확신해. 너의 대학 성적으로 네게 장학금을 주는 건 전혀 이상하지 않지.
아들 저도 그렇게 생각해요. 어제 제가 지원하려는 대학교의 학과장님과 통화를 했는데 굉장히 친절하신 분이셨어요.
어머니 그래? 네가 정말 예의 바른 사람이라서 다른 사람들이 너에게 친절하게 대하는 거란다.

· Vocabularios ·

apuntarse 끼다, 참여하다, 등록하다	docente 교육의, 가르치는, *m.f.* 교육자
ser licenciado/a 학사 학위를 얻다	conceder 주다, 수여하다
magisterio *m.* 교육(학)	decano/a (단체의) 장, 학과장

· Expresiones ·

familia adinerada 부유한 집안

1 접속법과 직설법 (구정보와 신정보)

주절 주어의 '확신'이나 종속절의 '실현' 여부와 더불어 '주관적인 감정' 표현은 접속법과 직설법을 구분 짓는 가장 기본적인 기준입니다. 하지만 접속법과 직설법을 구분하는 데에는 앞서 말한 기준 외에도 여러 가지 원칙이 존재합니다.

그중, 전달하려는 정보가 말하는 이와 듣는 이가 이미 알고 있는 정보(구정보, información conocida)라면 접속법을, 말하는 이만 알고 듣는 이는 모르는 정보(신정보, información nueva)라면 직설법을 사용합니다. 즉, 이미 알고 있기 때문에 청자에게 설명이 필요 없는 구정보라면 접속법을 사용하고 모르는 정보이기 때문에 청자에게 설명이 필요한 정보라면 직설법을 사용합니다.

ⓐ **A:** ¡Qué raro que mañana no vendrá ella a la fiesta!
그녀가 내일 파티에 안 온다니 참 이상하네!

B: Ya te digo. El hecho de que ella no venga a la fiesta me entristece bastante.
내 말이. 그녀가 파티에 안 온다는 사실이 나를 정말 슬프게 해.   [구정보]

ⓑ **A:** Hoy en día mucha gente toma suplementos para mantener una buena salud. Yo también los tomo varias veces al día.
요즘 많은 사람들이 건강을 유지하기 위해 영양제를 섭취해. 나도 그것들을 하루에 여러 번 복용하고 있어.

B: Pero debes tener en cuenta el hecho de que los suplementos a veces afectan negativamente a la salud.
하지만 영양제가 가끔 건강에 악영향을 줄 수 있다는 사실을 유념해야 해.   [신정보]

'el hecho de que(~라는 사실)'라는 표현으로 구정보와 신정보에 따른 접속법과 직설법의 사용을 설명할 수 있습니다. 화자와 청자가 모두 아는 내용을 전달하는 경우 「el hecho de que + 접속법」의 구조를 사용해야 합니다. ⓐ의 대화를 보면 '그녀가 파티에 안 온다는 사실'은 A와 B 모두 이미 알고 있는 사실(구정보)입니다. 그렇기 때문에 venir의 접속법 3인칭 단수 형태인 venga를 써주는 것이 자연스러운 문장입니다.

•Vocabularios   entristecer 슬프게 하다   suplemento *m.* 영양제   tener en cuenta 유념하다

반면, 화자는 알지만 청자는 알지 못하는 내용을 전달하는 경우 「el hecho de que + 직설법」의 구조를 사용해야 합니다. ⓑ의 대화를 보면 '영양제가 건강에 악영향을 줄 수 있다는 사실'은 화자만 알고 청자는 모르는 사실(신정보)입니다. 그렇기 때문에 afectar의 직설법 3인칭 복수 형태인 afectan을 써주는 것이 자연스러운 문장입니다.

구조적으로 보았을 때 주로 문두에 'el hecho de que'가 나오는 경우에 접속법을 사용하고 동사를 중심으로 뒤에 나온다면 상황과 문맥에 따라서 직설법과 접속법이 모두 사용 가능합니다. 이는 스페인어 구문의 위치적 특성에 기인합니다. 스페인어는 청자에게 새로운 정보를 알려줄 때 주로 동사의 뒤에 위치 시킵니다.

> (문두) El hecho de que + 접속법
> 동사 뒤 el hecho de que + 직설법 or 접속법

A: ¿Quién lo ha hecho?   누가 그걸 했어?
B: Lo ha hecho Pedro.   페드로가 했어요.   [신정보]

위의 대화문에서 A는 누가 그것을 했는지 모르는 상태이고 B는 A에게 정보를 전달해 주고 있습니다. 스페인어의 구문에서 청자에게 새로운 정보(신정보)를 전달할 때는 일반적으로 동사 뒤에서 제시하고 있음을 알 수 있습니다. 반대로, 정보가 동사 앞에 위치한 경우 화자와 청자가 모두 아는 정보(구정보)를 전달합니다.

A: Él era amabilísimo.   그는 정말 친절했어요.
B: Tú eres una persona muy atenta, de ahí que los demás te traten con amabilidad.
   네가 정말 예의 바른 사람이라서 다른 사람들이 (너도 알다시피) 너에게 친절하게 대하는 거란다.

'그래서, 따라서' 등으로 해석되어 '결과'를 나타내는 'de ahí que' 구문은 접속법 동사를 동반합니다. 이 구문 또한 구정보와 신정보의 기준으로 설명할 수 있습니다. 결과를 나타내는 다른 표현(por eso, así que, por lo tanto, ...)들과 다르게 이 구문이 접속법을 요하는 이유는 그 결과를 화자와 청자가 이미 알고 있기 때문입니다. 청자에게 새로운 설명이 필요 없는 경우 'de ahí que'와 함께 접속법을 동반하고 그 결과가 청자에게 새롭게 알려주는 내용이라면 por eso, así que, por lo tanto, ... 등과 함께 직설법을 사용합니다.

문법 익히기

> de ahí que + 접속법 (구정보)

Llovió torrencialmente, de ahí que no pudiera recogerla.
비가 억수같이 쏟아져서 (너도 알다시피) 그녀를 데리러 갈 수 없었어. [구정보]

Llovió torrencialmente, así que no pude recogerla.
비가 억수같이 쏟아져서 그녀를 데리러 갈 수 없었어. [신정보]

Llovió tan torrencialmente que no pude recogerla.
비가 억수같이 쏟아져서 그녀를 데리러 갈 수 없었어. [신정보]

'양보'의 의미를 뜻하는 aunque 또한 '확실성'의 기준(이미 일어난 상황은 직설법, 일어나지 않은 가정적 상황은 접속법) 이외에도 구정보와 신정보의 원리로 동사의 modo(법)가 결정될 수 있습니다. 이미 알고 있는 내용(구정보)이라면 접속법이 동반되고, 청자가 모르는 내용(신정보)이라면 직설법을 사용합니다.

> aunque + 접속법 (구정보)
> aunque + 직설법 (신정보)

Aunque sea millonario, Jaime es muy tacaño.
(알다시피) 백만장자이지만, 하이메는 매우 인색하다.

Aunque es millonario, Jaime es muy tacaño.
백만장자이지만, 하이메는 매우 인색하다.

Aunque hoy sea domingo, tenemos que ir a trabajar, puesto que aún quedan alugnos problemas que resolver.
오늘은 일요일이지만, 우리는 아직 해결해야 할 문제가 남아서 일을 하러 가야 한다.

Estoy gordo, lo sé, pero aunque esté gordo, no me gustaría hacer ejercicio todos los días.
나는 살이 찐 상태야, 나도 알아, 내가 뚱뚱한 상태인 건 알지만, 매일매일 운동을 하고 싶진 않아.

2 관용적으로 쓰이는 접속법 부사절

「접속법 + 관계사 + 접속법」 또는 「의문사 quiera + que + 접속법」의 형태로 '~(하)든지 간에'라는 의미를 나타냅니다. cual과 quien의 경우 수 변화를 한다는 것에 주의해야 합니다.

Pase lo que pase, estaremos a tu lado.
무슨 일이 일어나도, 우리가 네 곁에 있을 게.

Vayas donde vayas, te seguiré.
네가 어딜 가든지 간에, 나는 너를 따라갈 거야.

Dijeran lo que dijeran, esos jóvenes no se rindieron.
사람들이 뭐라 했든 간에, 그 젊은이들은 포기하지 않았다.

Fueras donde fueras, David iría a buscarte.
네가 어디에 있었든 간에, 다비드는 너를 찾으러 갔을 거야.

Hiciera lo que hiciera, nadie va a confiar en ella nunca más.
그녀가 무엇을 했든 간에, 더 이상 아무도 그녀를 믿지 않을 거야.

El nuevo estilo de esa marca, **sea lo que sea**, estará de moda.
그 브랜드의 새로운 스타일은 그것이 무엇이든 간에, 유행할 것이다.

Cueste lo que cueste, tienes que acabar con el trabajo.
무슨 일이 있어도(얼마큼의 비용이 들더라도), 너는 그 업무를 끝마쳐야 한다.

Quienquiera que sea el campeón, no me importa.
누가 챔피언이든 간에, 나에게 중요하지 않다.

El perdedor, **quienquiera que fuera**, tenía que pagar el precio.
패자가 누구였든 간에, 대가를 치러야 했다.

Le buscaré **dondequiera que esté**.
그가 어디에 있든 간에 그를 찾을 거야.

Cuandoquiera que me necesites, puedes contar conmigo.
네가 나를 필요로 할 때마다, 나에게 의지해도 돼.

• Vocabularios • rendirse 포기하다　campeón, campeona 챔피언
contar con 가지다(tener), 의지하다, 기대다, 고려하다

> **문법 익히기**

Quienquiera que sepa la verdad, dígamela.
진실을 아는 사람은 누구든지 제게 말해주세요.

Quienesquiera que sean los culpables, no voy a perdonarlos.
범인이 누구인지 간에, 나는 그들을 용서하지 않을 것이다.

No se justifica su comportamiento, cualesquiera que sean los motivos.
목적이 무엇이든 간에, 당신의 행동은 정당화될 수 없습니다.

3 절대최상급 -ísimo

정관사를 이용하는 최상급 표현과 달리 절대최상급(superlativo absoluto)은 어떠한 기준 없이 절대적인 관점에서 최상이라는 의미를 나타낼 때 사용합니다. 형용사나 부사에 '-ísimo'를 붙이며 모음으로 끝나는 경우 모음을 제거한 후 '-ísimo'를 붙이고, 자음의 경우 바로 '-ísimo'를 붙여줍니다. 특히 형용사의 경우 성/수 일치를 해야 하지만 부사의 경우 성/수 일치를 하지 않음에 주의해야 합니다.

모음으로 끝나는 단어	모음 제거 후 -ísimo
자음으로 끝나는 단어	-ísimo
이중모음으로 끝나는 단어	이중모음 제거 후 -ísimo
-io로 끝나는 단어	모음 o 제거 후 강세 사라진 i 뒤에 -ísimo
-ble로 끝나는 단어	-bilísimo로 고정
어간이 이중모음화 된 단어 (fuerte, cierto, bueno, caliente…)	이중모음화 된 상태 유지 -ísimo [구어체] or 본래의 모음으로 변경 후 -ísimo [문어체]

mono	→	monísimo (-a, -os, -as)
dulce	→	dulcísimo (-a, -os, -as)
tarde	→	tardísimo (부사라서 형태 고정)
sucio	→	sucísimo (-a, -os, -as)
limpio	→	limpísimo (-a, -os, -as)
amable	→	amabilísimo (-a, -os, -as)
noble	→	nobilísimo (-a, -os, -as)
fácil	→	facilísimo (-a, -os, -as)
común	→	comunísimo (-a, -os, -as)
frío	→	friísimo (-a, -os, -as)
vacío	→	vaciísimo (-a, -os, -as)
bueno	→	buenísimo [구어체], bonísimo [문어체]
fuerte	→	fuertísimo [구어체], fortísimo [문어체]
cierto	→	ciertísimo [구어체], certísimo [문어체]
caliente	→	calientísimo [구어체], calentísimo [문어체]

· Vocabularios · justificar 정당화하다

연습 문제

1 주어진 동사를 활용하여 문법에 맞게 빈칸을 채워보세요.

(1) El hecho de que Jaime me _____ (conocer) bien no quiere decir que él pueda criticarme cuanto quiera.

(2) Sabía que no te gustaban los perros. Aunque no te _____ (gustar), vas a enamorarte de mi perro.

(3) Alejandra me ayudó mucho a terminar todas las tareas, de ahí que ahora me _____ (sentir) muy agradecido con ella.

(4) El jefe ignoró totalmente el hecho de que todos sus empleados _____ (estar) agotados en aquel entonces.

(5) Se ha aclarado el hecho de que ese candidato _____ (hacer) trampas en las elecciones presidenciales.

(6) El meteorólogo dice que mañana no va a llover, pero aunque _____ (llover), no voy a cambiar el plan de viaje.

(7) Había mucho tráfico porque era la hora pico. De ahí que _____ (llegar, yo) tarde a la conferencia.

(8) Pero quienquiera que _____ (ser), nunca nos hizo caso.

• Vocabularios • hacer trampas 사기 치다, 부정을 저지르다
hora pico 러시아워 (중남미에서 사용, (cf. 스페인에서는 hora punta))   traicionar 배신하다   disparar 발사하다, 쏘다
relación tóxica 유해한(불건전한) 관계

(9) Lleva contigo tu móvil dondequiera que _____ (ir).

(10) Cualesquiera que _____ (ser) las razones, es evidente que me ha traicionado nuevamente.

(11) _____ (costar) lo que _____ (costar) me lo voy a comprar en un par de días.

(12) Está un poco sorda, de ahí que no te _____ (oír) cuando llegaste.

(13) Hay mucha niebla, de manera que algunas carreteras _____ (estar) cerradas.

(14) Los soldados se negaron a disparar; por consiguiente, el general _____ (enfadarse) con ellos.

(15) El hecho de que José _____ (tener) una relación tóxica no quiere decir que no le guste su novia.

연습 문제

2 밑줄 부분의 쓰임이 맞으면 ○, 틀리면 X 표시 후 바르게 고쳐보세요.

(1) La paella estaba <u>bonísima</u>.　　　　　　　　　　( )

(2) Ana y Jorge llegan <u>tardísimos</u> cada dos por tres.　( )

(3) Las letras coreanas son <u>facilísimas</u> de aprender.　( )

(4) Puedes tomar esa agua; es potable y <u>limpísima</u>.　( )

(5) Este refresco está <u>frísimo</u>.　　　　　　　　　　( )

(6) Fumaban y escupían humo <u>despacios</u>, pero <u>despacísimos</u>.　( )

(7) El <u>fuertísimo</u> aumento de los precios condujo una crisis económica en el país.　　　　　　　　　　( )

(8) Un <u>noblísimo</u> apóstol me dijo que me sucedería algo bueno mañana.　　　　　　　　　　　　　　( )

(9) La habitación estaba <u>vaciísima</u>.　　　　　　　　( )

(10) Todas las respuestas que le di eran <u>ciertísimas</u>.　( )

• Vocabularios •　escupir 내뱉다　　apóstol *m.* 사도

3 제시된 문장을 작문해 보세요.

(1) 상처가 그렇게 깊지는 않았지만 (나에게) 세 바늘을 꿰매어 주었다. (darle tres puntos)

→ _____

(2) Julio가 전학 갔다는 사실이 나를 슬프게 한다. (cambiar de colegio)

→ _____

(3) 나는 해야 할 일이 너무 많았기 때문에 어젯밤을 지새운 거야. (pasar la noche en vela)

→ _____

(4) 어떤 이유든 간에 음주 운전을 해서는 안 된다.

→ _____

(5) 그가 사무실에서 항상 웃고 있다고 해서 그 일을 좋아한다고 생각하지 마세요.

→ _____

하늘을 뒤덮은 메뚜기 떼, 라틴아메리카의 환경문제

하늘을 뒤덮을 정도로 많은 메뚜기 떼가 남아프리카에 나타나면서 수많은 농민이 불안에 떨고 있습니다. 2020년 6월 우루과이에서 처음 시작된 메뚜기 떼는 아르헨티나와 브라질을 거쳐 파라과이까지 퍼지게 되었습니다. 무려 4억 마리로 추정되며 브라질 정부는 전염병 발병 및 농작물의 피해를 우려하여 비상사태를 선포했습니다. 거대한 구름을 형성하며 움직이는 메뚜기 떼는 옥수수와 사탕수수 농가에 극심한 피해를 주며 농작물을 위협합니다. 축구장 10개 면적의 메뚜기 떼가 하루에 먹는 식량은 사람 35만 명이 하루에 먹는 양과 비슷하다고 합니다.

세계적인 규모의 곡창지대를 가지고 있는 농업 강대국인 남미 국가들은 메뚜기 떼의 움직임을 추적하며 농민들에게 경계 태세를 유지할 것을 당부했고 브라질 정부는 농업용 항공기를 이용하여 메뚜기 떼를 퇴치하는 등 갖가지 노력을 기울였습니다. 사실 이러한 메뚜기 떼는 남미 만의 현상이 아니라 아프리카와 아시아 등지에서도 발견되고 있습니다.

　이와 같은 현상은 바로 지구온난화로 인한 기후 변화 때문입니다. 지구 온난화로 증가한 강수량과 높아진 기온이 메뚜기알의 부화율을 높여서 서식하기 좋은 환경을 만들어 주기 때문입니다. 메뚜기는 밀도가 높아질수록 세로토닌이라는 신경 물질 분비량이 증가하여 무리를 이루는 습성을 지니고 있습니다. 라틴아메리카는 무분별한 개발과 확장으로 심각한 환경 문제를 야기하고 있습니다. 대기 오염, 수질 오염, 삼림 파괴, 다양한 생물의 급감 등 도시화와 산업화의 활성화로 인해 지속 불가능한 성장이 계속되고 있습니다. 라틴아메리카의 환경 문제는 그 무엇보다 먼저 해결되어야 할 숙제이며 지속 가능한 발전 방법에 대해 심도 있게 고민해 보아야 합니다.

Lección 13

Investigando las huellas, seguro que podremos encontrar a los sospechosos.

발자국을 조사하면 용의자를 찾을 수 있을 거예요.

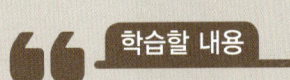 **학습할 내용**

1. 분사 구문
2. 의무를 나타내는 표현 간 특징

멕시코 칸쿤 Cancún

회화 익히기 🎧 13

<Un agente de policía y una propietaria de vivienda asaltada están hablando del robo.>

Agente   ¿Así que piensa Ud. que el ladrón habrá entrado por una ventana?

Dueña   Pues sí, señor. Solo hay que ver las huellas de botas justo debajo de la ventana.

Agente   Entonces saliendo de casa, no revisó si la ventana estaba cerrada, ¿verdad?

Dueña   Creo que no. Tendría que haberlo comprobado… Ha sido culpa mía.

Agente   No, no, no piense así, señora. Lo importante es identificar las huellas y establecer quién es el sospechoso. No se preocupe tanto. Seguro que le vamos a encontrar.

Dueña   Pero con todos mis respetos, estimo que no hay ninguna pista ni prueba en esta casa. Para colmo, no he visto al delincuente.

Agente   Sería mejor si hiciésemos un montaje de la escena para interrogar a los sospechosos, pero bueno, hemos de buscar si hay una cámara de vigilancia por aquí.

Dueña   Por favor, una vez encuentren alguna cámara con pistas, avísenme. Y los ayudaré en cualquier cosa.

Agente   Vale. ¿Y podría decirme todas las cosas que se ha llevado?

Dueña   Claro. Primero, los cuadros de la sala de estar, y segundo, todas las joyas que estaban en la caja… y qué más… ¡Ay dios! ¡El altavoz! Jo, eso cuesta un ojo de la cara…

Agente   Lo siento mucho, señora. Investigando las huellas, seguro que podremos encontrar a los sospechosos.

Dueña   Me siento muy desesperada. Espero que la sentencia del tribunal sea dura.

〈경찰관과 도둑맞은 집주인이 강도 사건에 대해 이야기하고 있습니다.〉

경찰관   그러니까 도둑이 창문을 통해서 들어왔다고 생각하시는 거죠?
집주인   네 맞아요. 창문 바로 아래에 구두 발자국을 보셔야 해요.
경찰관   그러면 집에서 나가실 때 창문이 닫혀 있는지 확인하지 않으신 거 맞나요?
집주인   안 한 것 같아요. 확인을 했어야 했는데 …. 제 잘못이에요.
경찰관   아니요, 그렇게 생각하지 마세요. 발자국을 확인해 보고 누가 용의자인지 알아내는 게 중요하죠. 너무 걱정하지 마세요. 반드시 찾을 겁니다.
집주인   외람된 말씀이지만, 집에는 그 어떠한 단서나 증거도 없는 것 같아요. 게다가 저는 범인을 보지도 못했고요.
경찰관   용의자들을 신문하려면 몽타주를 그리면 좋긴 하겠지만, 저희가 이 근처에 CCTV가 있는지 확인해 봐야겠어요.
집주인   단서가 담긴 카메라를 발견하시면 제게도 연락해 주세요. 뭐든지 돕겠습니다.
경찰관   알겠습니다. 범인이 가져 간 물건들을 전부 말씀해 주시겠어요?
집주인   알겠어요. 우선, 거실 그림들 그리고 두 번째로는 서랍 속에 있던 보석(액세서리) 전부요 … 또 뭐가 있으려나 …. 세상에! 스피커! 이런, 엄청 비싼 건데 ….
경찰관   매우 유감이네요. 발자국을 조사하면 용의자들을 찾을 수 있을 겁니다.
집주인   정말 절망적이에요. 법원의 엄중한 판결이 있기를 바라요.

Vocabularios

- **asaltar** 습격하다, 공격하다
- **huella** *f.* 발자국, 지문
- **pista** *f.* 단서, 힌트
- **delincuente** 범죄를 저지른 *m.f.* 범인
- **altavoz** *m.* 스피커
- **tribunal** *m.* 법원

Expresiones

- **con todos mis respetos** 외람된 말씀이지만, 송구스럽지만
- **para colmo** 게다가, 엎친 데 덮친 격
- **hacer un montaje de la escena (del crimen)** 몽타주를 그리다
- **cámara de vigilancia** CCTV (감시카메라)
- **costar un ojo de la cara** 매우 비싸다

문법 익히기

1 분사 구문

영어에서 접속사를 생략하여 분사구를 만들듯이 스페인어에서도 원인(~기 때문에), 조건(~다면), 양보(~에도 불구하고), 시간(~할 때) 등을 나타내는 접속사가 쓰인 부사절을 현재분사 또는 과거분사를 사용하여 간단하게 분사구로 나타낼 수 있습니다. 능동의 의미일 때는 현재분사가, 수동의 의미일 때는 과거분사가 사용되며 문맥에 따라서 다양하게 해석됩니다. 일반적으로 주절과 종속절의 주어는 같지만 상황에 따라서 다른 주어가 제시될 수도 있습니다. 또한, 부사절의 시제가 주절보다 앞선 경우 분사구에는 완료시제(haber p.p.)를 사용합니다.

- **현재분사**

부사절의 의미가 주어가 동작의 주체가 되는 능동이거나 아직 완료되지 않은 상황이나 동작일 때 사용합니다. 부사절과 주절의 내용이 동시에 일어나는 경우에도 사용됩니다.

(1) **원인** (como, porque, ya que, debido a que, puesto que, …)

Teniendo mucho que hacer, no puedo encargarme de ese trabajo.
(= Como tengo mucho que hacer, ~)
할 일이 너무 많아서, 나는 그 일을 맡을 수 없다.

Creyendo que ella no sabía nadar, no le dije que fuéramos juntos a la piscina.
(= Como creía que ella no sabía nadar, ~)
나는 그녀가 수영을 못하는 줄 알았기 때문에, 함께 수영장에 가자고 말하지 않았다.

Mi hermana brincó de alegría recibiendo buenas notas.
(= Mi hermana brincó de alegría ya que recibió buenas notas.)
내 여자 형제는 좋은 성적을 받아서 펄쩍 뛰었다.

Cayendo mucho granizo anoche, la cosecha del pueblo sufrió incalculables daños.
(= Debido a que cayó mucho granizo anoche, ~)
어젯밤 많은 우박이 떨어져서, 마을의 수확물에 엄청난 피해를 입었다.

(2) **조건** (si)

Lloviendo mañana, me quedaré en casa todo el día. (= Si llueve mañana, ~)
내일 비가 온다면, 나는 하루 종일 집에 있을 거야.

Haciendo ejercicio de manera regular, podrás mantenerte en forma.
(= Si haces ejercicio de manera regular, ~)
네가 규칙적으로 운동한다면, 건강을 유지할 수 있을 거야.

Teniendo ganas de ver ese espectáculo, tienes que sacar la entrada con un mes de antelación. (=Si tienes ganas de ver ese espectáculo, ~)
네가 그 공연을 보고 싶다면, 한 달 전에 미리 티켓을 구매해야 해.

Haciéndome caso, te llevaré a la fiesta. (= Si me haces caso, ~)
내 말을 귀담아듣는다면, 너를 파티에 데려갈게.

(3) **양보** (aunque, a pesar de que, pese a que, si bien, …)

Sabiendo que era una tontería, todavía estoy de mal humor.
(= Aunque sabía que era una tontería, ~)
별것도 아닌 일이었지만, 아직도 나는 기분이 좋지 않다.

Aun llegando un poco tarde a clase, mi profesor no va a enfadarse con nosotros. (= Aunque lleguemos un poco tarde a clase, ~)
우리가 수업에 조금 늦게 도착하더라도 선생님은 우리에게 화내지 않을 거야.

Siendo de la tercera edad, ellos tienen derecho a seguir trabajando.
(= Si bien son de la tercera edad, ~)
고령이지만, 그들은 계속 일할 권리가 있다.

Viviendo en Málaga, todavía no conozco el Caminito del Rey.
(= A pesar de que vivo en Málaga, ~)
나는 말라가에 살지만, 아직 왕의 오솔길(Caminito del Rey)을 가본 적이 없다.

• Vocabularios • brincar 점프하다   granizo *m.* 우박   incalculable 셀 수 없는, 극심한   con antelación 미리
tontería *f.* 별것도 아닌 일, 바보 같은 짓   tercera edad 고령층

문법 익히기

(4) **시간** (cuando, después de que, mientras, …)

Me encontré con Sarita saliendo de casa.

(=Me encontré con Sarita cuando salía de casa.)

내가 집을 나설 때 사라를 우연히 마주쳤다.

Habiendo explotado el coche bomba, las calles se convirtieron en un caos.

(= Después de que había explotado el coche bomba, ~)

차량용 폭탄이 터진 후, 거리는 아수라장이 되었다.

Jugando yo al ajedrez, alguien llamó a la puerta.

(= Mientras yo jugaba al ajedrez, ~)

내가 체스를 두고 있을 때, 누군가 문을 두드렸다.

Saliendo el sol, todo el mundo se puso a aplaudir. (= Cuando salió el sol, ~)

해가 떠올랐을 때, 모든 사람이 박수를 치기 시작했다.

Habiendo conducido una hora para llegar a San José, me di cuenta de que iba en dirección contraria.

(= Después de que había conducido una hora para llegar a San José, ~)

산 호세에 가기 위해 1시간을 운전한 후에야 반대로 가고 있었다는 것을 깨달았다.

- **과거분사**

부사절의 의미가 주어가 동작의 대상이 되는 수동이거나 이미 완료된 상황이나 동작일 때 사용합니다. 형용사적으로 사용되기 때문에 주어에 성/수 일치를 해야 한다는 것에 유념해야 합니다.

(1) **원인** (como, porque, ya que, debido a que, puesto que, …)

Preparada bien la exposición, no me siento nervioso.

(= Como la exposición está bien preparada, ~)

발표가 잘 준비된 상태이기 때문에, 나는 긴장되지 않는다.

Terminadas todas las clases, el profesor suspiró de alivio.

(Como terminaron todas las clases, ~)

모든 수업이 끝났기 때문에, 선생님은 안도의 한숨을 내쉬었다.

(2) 조건 (si)

Una vez pospuesto el discurso de apertura, todos los asistentes se preguntarán si el director se encuentra mal.
기조연설이 연기된다면, 참석자들은 사장님의 건강이 안 좋은지 궁금해할 것입니다.

Una vez abierta la puerta, van a pasar cientos de personas.
(= Cuando esté abierta la puerta, ~)
문이 열리면, 수백 명의 사람들이 들어갈 것입니다.

(3) 양보 (aunque, a pesar de que, pese a que, si bien, …)

Terminado el banquete, ninguno de los invitados se fue.
(Aunque terminó el banquete, ~)
연회는 끝났지만, 초청객 중 그 누구도 떠나지 않았다.

Renovado el contrato, todavía no me siento tranquilo.
(Aunque el contrato ha sido renovado, ~)
재계약이 되었지만, 여전히 나는 불안하다.

(4) 시간 (cuando, después de que, …)

Detenido el ladrón, toda la gente empezó a hacer fotos con su móvil.
(= Cuando se detuvo el ladrón, ~)
도둑이 잡혔을 때, 모든 사람들이 자신의 휴대폰으로 사진을 찍기 시작했다.

Acabada la sesión, los miembros se fueron uno por uno.
(= Cuando acabó la sesión, ~)
회의가 끝났을 때, 회원들은 하나 둘 자리를 떠났다.

• Vocabularios • aplaudir 박수 치다   exposición f. 발표, 전시   alivio m. 안도   sesión f. 회의

문법 익히기

2 의무를 나타내는 표현 간 특징

스페인어에서 의무(~해야 한다)를 나타내는 표현 중 가장 많이 쓰이는 표현은 「tener que+동사원형」, 「deber+동사원형」, 「hay que+동사원형」입니다. 「hay que+동사원형」은 구체적인 주어가 등장하지 않는 비인칭 표현이기 때문에 앞선 두 구문과는 확연한 차이가 존재합니다. 하지만 「tener que+동사원형」과 「deber+동사원형」의 경우 형태적인 쓰임에 차이가 없을뿐더러 영어와 연계(must와 have to)해서 생각하는 경향이 있기 때문에 스페인어 학습자들이 가장 많이 혼동하고 착각하는 구문입니다.

tener que+동사원형	deber+동사원형
(꼭 해야 하는) 강한 의무	(상대적으로) 약한 의무
외부 상황에 의해 주어지는 의무	도덕적인 의무 (사회적 규범)
불가피한 강제적인 의무	불가피하지 않은 비강제적인 의무
빈도적으로 가장 많이 사용되는 의무 표현	

흔히 「deber+동사원형」 구문이 「tener que+동사원형」 구문보다 강한 의무를 나타낸다고 잘못 알고 있는 경우가 많습니다. 「deber+동사원형」은 오히려 상대적으로 약한 의무를 나타낼 때 사용하고, 반대로 「tener que+동사원형」이 꼭 해야 하는 강한 의무를 나타낼 때 사용합니다. 또한, 「deber+동사원형」은 '자식은 부모를 존경해야 한다.(Los niños deben respetar a los padres.)'처럼 도덕적이거나 사회적인 의무를 나타냅니다. 즉, 주어가 실행할 수도 있고 실행하지 않을 수도 있는 의무를 뜻합니다.

반면, 「tener que+동사원형」은 외부의 상황에 의해서 주어지는 불가피하고 강제적인 의무를 나타낼 때 사용됩니다. '학교에 가려면 7시에 일어나야 한다.(Tengo que levantarme a las siente para ir al colegio.)' 등과 같이 외부적인 상황으로 인해 어쩔 수 없이 반드시 해야 하는 행위를 나타낼 때 사용합니다.

Tengo que aprobar el examen para ingresar en la universidad.
대학에 들어가기 위해 나는 시험에 합격해야만 한다.
[외부적 상황에 의한 강제적 의무 → deber 사용하면 어색한 문장]

Se debe respetar a los vecinos.
이웃을 존중해야 합니다.   [도덕적, 사회적 의무]

Hijo mío, tienes que terminar todos los deberes antes de que venga el profesor.
아들아, 선생님이 오시기 전까지 모든 숙제를 끝마쳐야 한다.   [꼭 해야 하는 의무 → deber 사용하면 어색한 문장]

Debes cumplir con tu misión.
너의 임무를 완수해야 해.   [상대적으로 약한 비강제적 의무]

Tienes que cumplir con tu misión.
너의 임무를 (반드시) 완수해야 해.   [꼭 해야 하는 강한 의무]

> ¡OJO!
>
> ● 동사 haber를 활용하여 의무 표현을 만들 수 있어요!
>
> 「haber de+동사원형」 구문 또한 의무를 나타낼 때 사용합니다. 「hay que+동사원형」 구문과 달리 주어를 나타낼 수 있는 표현입니다. 「tener que+동사원형」 보다는 강하지 않은 의무 표현입니다.
>
> He de salir temprano.
> 나는 일찍 나가야 한다.
>
> Hubimos de esperar varios meses hasta conseguir recursos económicos.
> 우리는 경제적 자원을 마련하기 위해 몇 달을 기다려야 했다.

연습 문제

1 문법적으로 올바른 문장은 O, 틀리거나 어색한 문장은 X 표시 후 바르게 고쳐보세요.

(1) Una vez reparadas el lavavajillas, avísame. ( )

(2) Terminado el partido, fuimos de bar en bar. ( )

(3) Sintiéndose mal, ella no quería tomar esa clase particular. ( )

(4) Sido pobre, decidí comprar el coche que quería desde hacía mucho tiempo. ( )

(5) Aun lloviendo mucho, nunca cambiaré mi plan. ( )

(6) Levantándote tarde, no podrás entrar a la sala de examen. ( )

(7) Destruyendo todas las cosas por el incendio, ellos quedaron atontados. ( )

(8) Solucionada ese problema, dieron exclamación de alegría. ( )

(9) Los empleados hay que intentar poner fin al proyecto. ( )

(10) Siento tener que molestarlos a Uds. ( )

• Vocabularios ▶ atontado/a 얼이 빠진, 망연자실한   poner fin a ~를 종결시키다   a destajo 열심히
plantear (문제를) 제기하다

2 주어진 부사절을 분사 구문으로 바꿔보세요.

(1) Después de terminar las tareas, me arreglé para salir.

   → _____

(2) Cuando regresó el soldado casi muerto a casa, sus padres no pararon de llorar.

   → _____

(3) Aunque sabía que él estaba mintiendo, no le dije ni una palabra.

   → _____

(4) Si estudias a destajo, conseguirás todo lo que quieras.

   → _____

(5) Como el edificio fue construido demasiado rápido, se plantearon cuestiones de seguridad.

   → _____

연습 문제

3 분사구문을 의미에 맞게 접속사를 활용한 문장으로 바꿔보세요.

(1) Una vez preparada la comida, te llamaré.

→ _____

(2) Trabajando todos muy duro, Corea logró un notable crecimiento económico.

→ _____

(3) Habiendo caminado muchas horas, vio una lucecita a lo lejos.

→ _____

(4) Diciéndole el gerente palabras ofensivas, el trabajador estaba hasta las narices.

→ _____

(5) Revelada la verdad, el agresor será castigado.

→ _____

• Vocabularios • a lo lejos 멀리서   gerente *m.f.* 지배인   estar hasta las narices 지겹다
agresor/a 가해자

4 제시된 문장을 작문해 보세요.

(1) 신호등이 빨간색 불일 때 건너면 안 됩니다.

→ _____

(2) 약속한 시간에 도착했음에도 나는 그를 여전히 믿지 않았다. (a la hora citada)

→ _____

(3) 모든 아이들이 무사히 돌아왔을 때 모두가 눈물을 흘렸다. (sano y salvo, derramar lágrimas)

→ _____

(4) 기밀 정보가 언론에 누출된 이후 국민들은 거리에서 시위를 하기 시작했다.
(difundir informaciones secretas)

→ _____

(5) 10시가 지나서야 도착한다면 나는 너를 기다리지 않을 거야. (pasadas las diez)

→ _____

이천 년의 역사, 세고비아의 로마 수도교 Acueducto

세고비아 Segovia는 스페인 '카스티야 이 레온 Castilla y León 지방'의 도시이자 마드리드 근교에 위치해서 스페인의 역사와 문화가 잘 보존되어 있는 도시 중 하나입니다. 세고비아의 인기 관광명소로 손꼽히는 세고비아 수도교 Acueducto de Segovia는 대표적인 '로마시대 수도교'의 하나로, 1985년 유네스코 세계 문화유산으로 지정되었고 이천 년의 역사가 놀라울 만큼 오늘날까지도 매우 잘 보존되고 있습니다.

이 수도교는 산에서 흐르는 물을 끌어오기 위해 지어졌으며, 서기 1~2세기 로마 트라야누스 황제 시절에 건설된 것으로 추정됩니다. 이후 1906년까지 고지대에 맑은 물을 공급해 주는 역할을 했습니다. 이 물은 도시에서 약 17km 떨어진 푸엔프리아 강 El valle de la Fuenfría으로부터 얻을 수 있었습니다. 전체 길이 813m, 최고 높이 약 30m(아파트 12층 정도)로 보자마자 압도되는 크기이며, 총 128개의 2층 아치 형태로 지어져 있습니다. 스페인 과다라마 산맥 La sierra de Guadarrama에서 가져온 화강암만을 이용하여 축조하였으며, 그 어떠한 접착제도 쓰지 않고 건설된 수도교라는 사실이 아직까지도 모두를 놀라게 하고 있습니다.

　세고비아의 Acueducto는 유럽에서 가장 잘 보존된 수도교로 로마 시대의 토목 공학 기술을 보여주는 대표적인 건축물입니다. 특히, 수도교의 견고한 아치 구조는 이천 년이 지난 지금까지도 형태를 유지시켜 주는 비결로 손꼽히고 있습니다. 로마인들의 성취물들은 당대 다른 문명들의 수준을 뛰어넘었고 그 이후 세대에까지 많은 영향을 끼쳤습니다. 급수와 공학 기술을 도시 계획과 접목하여 체계적으로 발전시켜 나간 로마인들의 지혜 덕분에 맑은 물을 공급받아 질병을 예방하고 삶을 영위할 수 있었습니다.

Lección 14

El chico ese no sabe nada de economía.

그 작자는 경제에 대해 아무것도 몰라.

 학습할 내용

1 지시형용사의 후치 수식

2 위치에 따른 형용사의 특징

3 소유격 후치형의 특징

멕시코 치첸이트사 엘 카스티요 피라미드 El Castillo

> 회화 익히기 🎧 14

<Dos amigos están hablando sobre la hipoteca de casa.>

Ronaldo	¡Hombre, Aitana! ¿A dónde vas tan deprisa?
Aitana	¡Ronaldo! ¡Qué coincidencia! ¿Qué tal? Pues, voy al banco a firmar la hipoteca de mi casa. ¡Me he comprado un piso!
Ronaldo	Te veo súper contenta. Pero ahora tendrás un montón de gastos. Las facturas de la calefacción, comunidad… y muchas más ya sabes.
Aitana	Bueno, un amigo mío me dijo que se sentía muy estable después de que había comprado un piso.
Ronaldo	¿Acaso te refieres a Marcelo? Puff, el chico ese no sabe nada de economía. Es mejor que no le hagas caso. Sin duda alguna, no es un buen amigo.
Aitana	¿Le conoces? Pero me gustaría ser propietaria de mi vivienda. Y Marcelo tiene razón; que ahora parece una persona sin ninguna preocupación.
Ronaldo	Oye, nena. El piso no es de tu propiedad por mucho tiempo sino del banco.
Aitana	¡Lo sé! Has dado en el clavo. Pero me es sumamente importante sentir estabilidad. Ya no quiero vivir de alquiler pagando fianza.

〈두 친구가 주택담보 대출에 대해 이야기하고 있습니다.〉

로날도 야, 아이타나! 그렇게 급하게 어딜 가는 거야?
아이타나 로날도! 이런 우연이 다 있네! 잘 지내? 난 주택담보 대출에 서명하러 은행에 가고 있어. 내가 살 집(아파트) 하나를 샀어!
로날도 굉장히 행복해 보이네. 그런데 이제 공과금을 많이 내게 될 거야. 난방비에 아파트 관리비에 … 너도 알다시피 많은 것들이 있잖아.
아이타나 내 친구 중 한 명이 집을 사고 나서 엄청 안정감을 느낀다고 하더라.
로날도 혹시 마르셀로를 말하는 거야? 그 작자는 경제에 대해 아무것도 몰라. 걔 말은 듣지 않는 게 좋아. 의심의 여지 없이 좋은 친구가 아니야.
아이타나 걔를 알아? 근데 난 집주인이 되고 싶어. 그리고 마르셀로 말이 맞아. 걔는 지금 아무 걱정거리도 없는 사람 같아 보여.
로날도 잘 들어, 친구야. 집은 네 소유가 아니라 오랫동안 은행의 소유야.
아이타나 나도 알아! 정곡을 찌르는구나. 하지만 나한테는 안정감을 느끼게 하는 것이 가장 중요해. 이제 더 이상 보증금을 내며 세 들어 살고 싶지 않아.

· Vocabularios ·

| acaso 혹시, 아마도 | sumamente 극히, 더할 나위 없이 |
| propietario/a 소유주 | fianza *f.* 보증금 |

· Expresiones ·

| hipoteca de casa 주택담보 대출 | dar en el clavo 정곡을 찌르다 |

1 지시형용사의 후치 수식

지시형용사는 주로 명사 앞에서 사용(전치 수식)되지만, 경우에 따라서 명사 뒤에서 수식(후치 수식) 할 수도 있습니다. 이 경우 전치 수식을 할 때와 달리 수식하는 명사에 대한 화자의 '거리감, 경멸, 빈정거림(야유)' 등을 강조하여 나타낼 수 있습니다.

El chico ese no sabe nada de economía.
그 작자는 경제에 대해 아무것도 몰라.

Yo no confío en ella; la chica esa es una mentirosa.
나는 그녀를 믿지 않아. 그녀는 거짓말쟁이야.

El tío este es un sinvergüenza.
그놈은 염치가 없어.

No me llevo bien con los tipos estos.
나는 그런 작자들과 잘 못 지내.

El perro aquel casi me mordió el otro día.
며칠 전에 저놈의 개가 나를 물 뻔했다.

지시형용사를 후치 수식하는 경우, 화자와 청자 사이의 거리감을 나타내는 '지시성(이, 그, 저)'은 사라집니다. 지시사는 명사를 한정하는 것과 동시에 지시성을 나타낼 수 있지만 후치 수식의 경우 한정성의 기능만 남게 됩니다. 명사에 특정성을 여전히 부여하고 있기 때문에 지시형용사를 후치 수식하는 경우 반드시 정관사(드물게 소유사)가 명사 앞에 동반되어야 합니다. 반대로 불특정한 부정관사, 부정어(정해지지 않은 말), 수사와는 함께 사용되지 않습니다.

Estoy hasta las narices; ya no quiero ver la sonrisa esa.
이제 진절머리가 나. 나는 그놈의 미소를 더는 보기 싫어.

El amigo este volvió a engañar a su novia. 그놈은 또다시 자신의 여자친구를 속였다.

> 비문
> * Un hombre ese me pidió un favor raro. 그 한 남자가 나에게 이상한 부탁을 했다.
> * Algún señor este no se atreve a hacerlo. 이 어떤 남자는 감히 그것을 하지 않는다.
> * Tres perritos aquellos se pusieron a ladrar. 저 세 강아지가 짖기 시작했다.

2 위치에 따른 형용사의 특징

스페인어에서 형용사는 일반적으로 명사의 후치 수식을 합니다. 하지만 단어에 따라서 혹은 문맥과 상황, 뉘앙스에 따라서 형용사의 위치가 달라질 수 있습니다. 형용사가 명사 뒤에 오는 경우 그 명사가 가진 개체적 특성(여러 특성 중 하나)을 객관적으로 보여주고, 형용사가 명사 앞에 오는 경우 그 명사가 가진 개념(의미)을 표현하거나 화자의 주관적인 생각 또는 관점을 보여줍니다.

ⓐ Miguel es un amigo bueno.   미겔은 착한 사람이다.
ⓑ Miguel es un buen amigo.   미겔은 좋은 친구다.

ⓐ에서 형용사 bueno는 명사 amigo를 후치 수식하고 있으며 명사의 개체적 특성을 말해주고 있습니다. amigo가 가진 여러 특성 중 bueno(심성이 착한, 성격이 좋은)라는 특성을 가진 amigo라는 것을 뜻합니다.

ⓑ에서 형용사 bueno는 명사 amigo를 전치 수식하고 있으며 amigo(친구)라는 명사가 가진 개념을 표현하고 있습니다. 예를 들어, 친구란 '힘이 들 때 의지할 수 있는 사람'이므로 그런 측면에서 bueno(훌륭한) 하다는 것을 의미합니다.

ⓒ blanca nieve   흰 눈   dulce miel   달콤한 꿀
ⓓ una casa nueva   새로 지은 집   una nueva casa   새로 이사한 집

ⓒ에서 눈(nieve)이라는 단어가 가진 개념인 '하얗다(blanca)'를 표현하고 있기 때문에 전치 수식을 합니다. 마찬가지로 꿀(miel)이라는 단어의 변하지 않는 본래의 개념인 '달다(dulce)'를 표현하고 있으므로 전치 수식을 합니다.

ⓓ에서 nueva가 후치 수식된 경우 casa(집)가 가진 속성 중 하나를 객관적으로 드러내고 있기 때문에 '새로 지은 집'을 의미합니다. 반면, nueva가 전치 수식된 경우에는 화자가 느끼는 주관적 감정을 표현하기 때문에 '새로 이사한 집'의 의미를 나타냅니다.

• Vocabularios • confiar en … ~를 믿다

ⓔ El presunto culpable todavía no ha sido detenido.
범죄 용의자는 아직 잡히지 않았다.

ⓕ Fue un completo éxito.
완벽한 성공이었다.

이 외에 문장 내 형용사가 부사적인 의미로 해석이 되는 경우, 명사에 전치 수식을 해야 합니다. ⓔ의 'el presunto culpable'는 범죄 용의자라는 의미로 풀어서 해석하자면 '추정적으로 죄가 있다'로 해석됩니다. 이 문장에서 'presunto(추정의)'를 명사에 후치 수식하게 된다면 그 의미는 '범인(의 특성)은 추정적이다'라는 어색한 문장이 됩니다.

마찬가지로 ⓕ의 'un completo éxito'는 '성공이란 것의 특성은 완벽하다'가 아니라 '완벽하게 성공했다'라는 의미이므로 전치 수식을 해야 합니다.

> **¡OJO!**
>
> - **명사 뒤에서 부정의 의미를 표현하는 단어가 있어요!**
>
>   alguno는 부정(negación)을 나타내지 않는 단어임에도 불구하고 명사에 후치 수식을 하는 경우 부정의 의미를 나타냅니다. 이때 명사는 반드시 단수로만 사용해야 합니다.
>
>   Él va a superar toda la ansiedad sin duda alguna. (= sin ninguna duda)
>   그는 의심의 여지 없이 모든 역경을 이겨낼 것이다.
>
>   No veo problema alguno. (= ningún problema)
>   내가 보기엔 아무런 문제가 없다.
>
>   **비문** * No veo problemas algunos.
>   　　　　 * Veo problema alguno.
>
> - **명사의 뒤에서만 사용되는 형용사도 있어요!**
>
>   명사에서 파생된 형용사(국적 형용사, 지명 형용사 등)는 언제나 명사 뒤에서 수식해 주어야 합니다.
>
>   Una chica holandesa   네덜란드 여자   (* Una holandesa chica)
>   Un amigo polaco   폴란드 출신의 친구 (* Un polaco amigo)
>   El logotipo universitario 대학 로고   (* El universitario logotipo)

3 소유격 후치형의 특징

소유사 또한 후치 수식을 할 수 있습니다. 하지만 전치 수식과 형태가 다른 것뿐만 아니라 의미적인 차이도 존재한다는 것에 유의해야 합니다. 전치 수식의 경우 정관사와 동일하게 명사에 '한정성'을 부여하지만, 후치 수식의 경우 명사에 '한정성'을 부여하지 않고 오로지 '누구의 소유인지'만을 강조하여 드러냅니다.

ⓐ Mi amigo me dijo que Alejandro daría una charla.
　　내 친구가 말하기를 알레한드로가 강연을 할 거라고 했어.

ⓑ Un amigo mío está encantado con tu canción.
　　내 친구 중 한 명이 너의 노래에 푹 빠졌어.

ⓐ에서는 소유사를 전치 수식하고 있기 때문에 특정한 그 친구라는 '한정성'과 더불어 나의 친구라는 것을 드러내고 있습니다. 반면 ⓑ에서는 소유사를 후치 수식하고 있기 때문에 '특정하지 않은 친구, 내 친구 중 한 명'이라는 의미로 해석됩니다. (영어의 a friend of mine)

소유격 후치형의 경우, 명사의 앞에 정관사, 부정관사, 무관사 모두 사용 가능하며 관사의 종류에 따라 다르게 해석됩니다. 또한, 앞서 언급한 대로 전치형보다 '소유주를 강조'하는 기능을 가지고 있습니다.

ⓒ Sus móviles　　　　　　　(특정한) 그의 휴대폰들
ⓓ unos móviles suyos　　　　(다른 사람의 소유물이 아닌) 그의 휴대폰들
ⓔ los móviles suyos　　　　 (다른 사람의 소유물이 아닌 특정한) 그의 휴대폰들
ⓕ móviles suyos　　　　　　(다른 사람의 소유물이 아닌 불특정 다수의) 그의 휴대폰들

소유격의 후치 수식의 경우 전치 수식보다 소유주를 강조하기 때문에 후치형이 쓰인 예문들의 해석처럼 '다른 사람의 소유가 아닌 그의 소유물'이라는 것을 드러냅니다. 관사의 종류에 따라서 뉘앙스가 조금씩 달라지며, 특히 ⓔ의 경우, 명사 앞에 특정성을 부여하는 정관사가 쓰였기 때문에 '한정성'과 더불어 '소유주'를 강조하는 표현이라고 할 수 있습니다.

• Vocabularios • presunto/a 추정의　　charla f. 강연　　estar encantado/a con ~에 푹 빠지다, 매료되다

연습 문제

1 문법적으로 올바른 문장은 O, 틀리거나 어색한 문장은 X 표시 후 바르게 고쳐보세요.

(1) Un chico este sigue mirándome desde hace una hora.   (   )

(2) Algún hombre ese me enseñó los dientes.   (   )

(3) En la función aparece una actriz rubia.   (   )

(4) ¿Quién será el verdadero ganador?   (   )

(5) Eso no era un problema mero.   (   )

(6) Conocí a Julio hace 10 años; es mi viejo amigo.   (   )

(7) Sara dejó a su marido porque se enteró de una supuesta amante. (   )

(8) La broma esa me hace gracia alguna.   (   )

(9) La casa suya queda a cinco kilómetros de aquí.   (   )

(10) Es el amigo mío que me iba a recoger en la estación de tren. (   )

• Vocabularios • enseñar los dientes 위협하다, 협박하다   función *f.* 공연   mero/a 단순한
supuesto/a 가정의, 추측의   hacerle gracia a alguien 즐겁게 하다

2. 올바른 표현에 모두 동그라미 치세요. (2가지 모두 올바른 표현일 수도 있습니다.)

(1) un día maravilloso / un maravilloso día

(2) una comida estupenda / una estupenda comida

(3) un amigo español / un español amigo

(4) la copa mundial / la mundial copa

(5) mera coincidencia / coincidencia mera

(6) un juez bueno / un buen juez

(7) un chico madrileño / un madrileño chico

(8) el choque cultural / el cultural choque

(9) una cena familiar / una familiar cena

(10) el centro deportivo / el deportivo centro

> 연습 문제

3 Alguno를 활용하여 제시된 문장과 동일한 의미의 문장을 만들어보세요

(1) Esta Navidad no me han dado ningún regalo.

→ _____

(2) No tuve ninguna dificultad para hacer frente a esos problemas.

→ _____

(3) ¿Nunca has visto ningún teatro en tu vida?

→ _____

(4) No veo ninguna solución para esa situación tan grave.

→ _____

(5) Es imposible viajar sin ningún dinero.

→ _____

• Vocabularios • hacer frente 직면하다

4 제시된 문장을 작문해 보세요.

(1) 그 작자와 나는 공통점이 전혀 없다. (no tener nada en común)

→ _____

(2) 내 친구 중 한 명은 최선을 다했지만 원하는 대학교에 입학하지 못했다. (hacer todo lo posible)

→ _____

(3) Pedro는 좋은 선생님이 되기 위해서 언제나 끊임없이 연구한다. (sin cesar)

→ _____

(4) 그녀의 집은 우리(나의) 집과 그렇게 멀지 않다.

→ _____

(5) 그는 아무런 희망도 없는 사람처럼 보인다.

→ _____

아랍어 기원 스페인어 단어의 특징

기원후 718년, 북아프리카의 아랍 세력은 스페인 북부 아스투리아스의 일부 지방을 제외한 이베리아 반도 전역을 점령하는 데 성공했습니다. 이후 그라나다의 알람브라 궁전이 함락된 해인 1492년까지 스페인은 아랍의 지배하에 있었습니다. 이슬람 문명은 약 8백 년 동안 이베리아반도를 머물며 문화와 건축뿐만 아니라 언어에도 지대한 영향을 끼쳤습니다. 스페인어에 남아 있는 아랍어 기원의 어휘들은 4천여 개이며 그들이 남긴 언어적 흔적은 매우 광범위하게 나타나고 있습니다. 사막의 특성상 물이 귀했기 때문에 물과 관련된 어휘가 두드러지고 정복자의 위용을 과시하는 듯 전쟁에 관한 용어가 특징적입니다. 또한, 당시 뛰어났던 과학 기술을 보여주는 수학과 천문학적 단어들도 스페인어에 영향을 주었습니다.

접두어 'guad-'는 '강, 계곡'이라는 뜻이며, 가장 대표적으로 안달루시아에서 가장 긴 강인 과달키비르 강 El río Guadalquivir이 있습니다. '-quivir'는 '크다'라는 의미를 지니므로 '큰 강'이라고 해석할 수 있습니다. 스페인어 단어 중, 'al-'로 시작하는 단어는 대개 아랍어 기원인 경우가 많은데 그 이유는

이 단어가 아랍어로 정관사를 뜻하기 때문입니다. 대표적으로 군사용어인 성/요새 alcázar, 제독 almirante, 점호 alarde와 더불어 그라나다의 이슬람 궁전인 알람브라 Alhambra에서도 찾아볼 수 있습니다.

수학, 천문학, 화학과 관련된 용어로는 '숫자 0 cero, 알고리즘 algoritmo, 알코올 alcohol' 등이 있습니다. 특히, 숫자 0을 뜻하는 cero는 본래 인도인들이 고안해낸 개념으로 아랍어를 거쳐 유럽으로 전파되었습니다. 이처럼 아랍어에서도 아랍의 뿌리가 아닌 다른 언어에서 차용한 어휘들도 존재합니다. 일례로 오렌지 naranja의 어원은 타밀어이며, 산스크리트어, 페르시아어, 아랍어를 거쳐 유럽으로 전해졌습니다.

아랍어 기원 단어는 이외에도 '쌀 arroz, 설탕 azúcar, 가지 berenjena, 당근 zanahoria, 면 algodón, 수박 sandía, 레몬 limón' 등 우리가 자주 쓰는 단어에서도 찾아볼 수 있습니다. 접속법을 동반하여 '소망'을 나타내는 표현인 Ojalá라는 감탄사도 아랍어 기원의 표현입니다. '알라께서 원하신다면'이라는 뜻을 가진 아랍어 <law sha'a Allah>라는 표현에서 비롯된 것입니다.

Lección 15

Ninguno de los empleados se queja de eso.

직원들 중 그 누구도 불평하지 않고 있어요.

학습할 내용

1. 부정사 관계구문
2. 축소사와 증대사
3. 전체의 부분 표현

아르헨티나 페리토 모레노 빙하 Glaciar Perito Moreno

회화 익히기

<Un director de Recursos Humanos está entrevistando a una candidata.>

Director   Buenas tardes, señorita García. En la carta de presentación que adjuntó con su currículum mostraba mucho interés por trabajar como diseñadora en nuestra empresa.

Candidata   Sí, creo que un buen diseño gráfico es esencial para el negocio. Tengo buenas aptitudes para expresar algo de manera creativa.

Director   Perfecto. Pero he leído en su currículum que ha cambiado dos veces de trabajo en el último año. ¿Me podría decir por qué ha cambiado tantas veces?

Candidata   Bueno, el problema es que en todos los trabajos me menospreciaban con un sueldo muy bajito. Y además, … por mucho que me esforzara, no pude conseguir una oportunidad de promoción.

Director   Ya veo. Bueno, nuestra empresa podría ofrecerle un contrato de ayudante durante 3 meses y después, si estamos contentos con su trabajo, le ofreceríamos un contrato fijo como diseñadora. ¿Qué le parece?

Candidata   Me parece bien. Tengo total disponibilidad para hacer cualquier cosa. Me sentiría más segura al tener más estabilidad laboral.

Director   En el departamento de diseño gráfico habrá muchas cosas que hacer, pero ninguno de los empleados se queja de eso porque el ambiente laboral es muy bueno.

Candidata   Lo más importante en el trabajo es el ambiente laboral, de manera que no me importa si me encargo de tantas cosas.

〈인사팀 관리자가 한 지원자를 인터뷰하고 있습니다.〉

관리자 안녕하세요, 가르시아 씨. 이력서에 첨부하신 자기소개서에서 우리 회사의 디자이너로 일하는 것에 큰 관심을 보이셨네요.

지원자 네, 좋은 그래픽 디자인은 비즈니스에 필수적이라고 생각합니다. 저는 무언가를 창의적으로 표현하는 것에 소질이 있습니다.

관리자 좋네요. 이력서를 보니 최근 1년간 2번이나 이직을 하셨네요. 왜 이렇게 많이 이직하셨는지 말씀해 주시겠어요?

지원자 모든 회사에서 저를 낮게 평가하면서 월급은 적게 줬어요. 게다가 … 아무리 노력해도 승진 기회를 얻을 수 없었어요.

관리자 그렇군요. 우리 회사는 3개월간 어시스턴트 계약을 한 후 가르시아 씨의 직무 능력이 마음에 든다면 정규직 디자이너로 전환시켜 드릴 거예요. 어떠세요?

지원자 좋습니다. 어떤 일이든 다 할 수 있어요. 직업 안정성을 가지게 되면 마음이 더 편안해질 것 같네요.

관리자 그래픽 디자인 부서에서는 할 일이 굉장히 많지만 업무 분위가 좋아서 직원들 중 그 누구도 불평하지 않고 있어요.

지원자 회사에서 가장 중요한 것이 업무 분위기이기 때문에 제가 많은 일을 담당하게 되어도 괜찮아요.

Vocabularios y expresiones

· Vocabularios ·

- **adjuntar** 동봉하다, 첨부하다
- **menospreciar** 과소평가하다, 깔보다

· Expresiones ·

- **carta de presentación** 자기소개서
- **tener disponibilidad para …** ~할 수 있다

문법 익히기

1 부정사 관계구문

관계사 뒤에 일반적으로 인칭에 따라 형태가 달라지는 동사가 제시되지만, 부정사 관계구문에서는 관계사 뒤 동사의 형태가 동사원형으로 나타납니다. 관계사는 주로 que, quien, donde가 사용되며 뒤에 나온 동사에 따라서 관계사 앞에 전치사를 동반하는 경우도 있습니다. 부정사 관계구문을 사용하기 위한 몇 가지 조건을 유념해야 합니다.

- **선행사는 불특정한 대상이어야 한다.**

선행사가 특정적(정관사, 지시사, 인칭대명사, 소유사 등)인 대상일 때 부정사 관계구문을 사용하지 못하고 비특정적(부정관사, 무관사, 수사, algo 같은 부정어 등)인 대상일 때만 사용할 수 있습니다.

No hay nada que comer. 　　먹을 것이 아무것도 없다.
Tengo muchas cosas que hacer. 　　나는 해야 할 것이 너무 많다.
No he encontrado ninguna silla donde sentarme. 나는 내가 앉을 의자를 발견하지 못했다.
Necesito un lápiz con el que escribir. 　　내가 쓸 연필이 필요하다.

비문 * Me queda solo esa pregunta que resolver. 풀어야 할 오직 그 문제만이 내게 남았다.
* Busco a la chica con quien hablo. 　　나와 이야기할 그 여자를 찾는다.
* Encontré a mi perro que haber perdido. 　잃어버린 내 강아지를 찾았다.

- **선행사는 관계사 뒤에 오는 동사의 주어가 될 수 없다.**

비문 * Quería buscar un amigo que ayudarme. 저는 나를 도와줄 친구를 찾고 싶어요.
* Prefiero un artista que cantar bien. 나는 노래를 잘하는 아티스트를 선호한다.
* Estoy con una chica que amarme. 나는 나를 사랑하는 여자와 함께 있다.

- **주절 동사는 모든 동사가 사용되지 않는다.**

주절 동사는 모든 동사가 사용되지 않으며 찾음(buscar, encontrar, hallar), 필요(necesitar, faltar), 소망(querer, desear), 소유(tener, poseer), 존재(haber, quedar) 등 일부 동사로 제한됩니다.

Busco una casa grande en la que vivir. 　　나는 내가 살 큰 집을 찾고 있다.

Le falta un cuchillo con el que cortar la carne. 고기를 자를 나이프가 그에게 필요하다.

Deseo un vestido con el que vestirme para la fiesta. 나는 파티에서 입을 원피스를 원한다.

Tenemos dos problemas que solucionar cuanto antes.
우리는 가능한 한 빨리 해결해야 할 2가지 문제가 있다.

No hay ningún compañero de piso en quien confiar.
믿을 만한 하우스 메이트가 아무도 없다.

비문 * De repente ella rompió un lápiz con el que escribir.
갑자기 그녀는 쓸 연필을 부러뜨렸다.

- **설명적 용법**으로 절대 사용할 수 없으며, **제한적 용법**으로만 사용이 가능하다.

비문 * Necesito un cuaderno, en la que escribir una lista de compras.
나는 구매 리스트를 작성하기 위한 공책 하나가 필요해.

* Finalmente hemos encontrado un buen chalé, en el que pasar el verano. 우리는 드디어 여름을 보낼 근사한 별장을 발견했다.

2 축소사와 증대사

스페인어에서 접미사 '-ito/a'는 대표적인 축소 접미사이고, '-ón/-ona'는 대표적인 증대 접미사입니다. 이외에도 다양한 형태의 축소사와 증대사가 있으며 이 차이는 지역적 선호도에 따라 나타나기도 하고 단어 형태상의 혼동을 피하기 위해 나타나기도 합니다.

- **축소 접미사**

축소 접미사는 대상의 물리적인 크기가 작다는 것을 표현하거나 크기와 전혀 상관없이 대상에 대한 화자의 애정이나 친근감을 드러낼 때 사용합니다. 또한, 별로 중요하지 않은 것이라는 것을 드러낼 때도 활용합니다. 명사와 형용사뿐만 아니라 부사에도 사용할 수 있으며, 스페인어권 국가의 모든 지역에서 사용하는 가장 대표적인 축소사는 '-ito/a'입니다. 다양한 형태의 축소사 중 '-(c)illo/a'는 화자의 주관적인 감정과 관계없이 객관적인 크기가 작을 때 사용하는 어미입니다.

문법 익히기

축소 접미사	예시
-ito/a	Juanito/a (후안, 후아나의 애칭), cucharita (티스푼), ahorita (지금), lueguito (나중에) …
-cito/a	jovencito/a (어린), tardecita (오후), cafecito (커피), Carmencita (카르멘의 애칭) …
-ico/a	libretica (작은 책), arbolico (작은 나무), patica (작은 암컷 오리), sillica (작은 의자) …
-uelo/a	pañuelo (손수건), callejuela (좁은 길), tontuelo (바보), plazuela (작은 광장) …
-ín/-ina	pequeñín/pequeñina (작은 남자/여자 아이), librín (작은 책), poquitín (매우 적은) …
-(c)illo/a	chiquillo/a (작은 소년/소녀), colilla (담배꽁초), pasillo (복도), ventanilla (창구) …

축소 접미사와 어휘 사이에 철자가 추가(주로 c) 되는 경우가 있는데 이를 '접요사(interfijo)'라고 합니다. 접요사는 대부분 단어의 형태상 혼동을 피하거나 어조상 부드러운 발음을 위해 삽입됩니다.

sol – solecito / solo – solito   col – colecita / cola – colita

café – cafecito / cafelito / cafetito   pobre – pobrecito

pan – panecito (스페인) pancito (중남미)

pie – piececito (스페인) piecito (중남미)

• 증대 접미사

명사나 형용사에 붙어 대상의 크기를 강조할 때 사용하거나 상황과 맥락에 따라서 경멸이나 비아냥 거리는 어조로 사용할 수 있습니다.

증대 접미사	예시
-azo/a	golazo (환상적인 골), madraza (자식에 대한 정성 가득한 어머니), pelazo (매우 긴 머리) …
-ón/-ona	lagrimón (커다란 눈물), manona (큰 손), florón (큰 꽃 모양 장식), solterón/ona (노총각, 노처녀) …
-ote/a	librote (훌륭한 책, 무거운 책), seriote/a (매우 진지한), cabezota (고집 피우는, 큰 머리) …

El primer gol fue de Son; fue un golazo.
첫 번째 골은 손흥민 선수의 골이었습니다. 환상적인 골이었어요.

Ese solterón aún no se ha casado, quizá prefiere vivir solo.
그 노총각은 아직도 결혼하지 않았는데, 아마 혼자 사는 것을 선호하는 것 같다.

No soy tan seriota como parece. 난 보이는 것만큼 진지한 사람이 아니야.

• Vocabularios   col f. 양배추   supersticioso/a 미신의, 미신을 믿는 사람   vecindario m. 이웃

3 전체의 부분 표현

'~중에 몇몇(누구)'을 나타내는 전체의 부분 표현, 즉 부분격의 의미를 표현하는 경우 alguno와 ninguno를 사용합니다. 이때, alguien과 nadie를 사용하지 않도록 주의해야 합니다.

> Alguno(-a, -os, -as) de nosotros / Ninguno(-a) de los(las) dos
> 비문 * Alguien de nosotros / * Nadie de los(las) dos

alguno의 경우 성/수 변화를 모두 할 수 있지만, ninguno는 전체의 부분 표현에서 성 변화만 가능할 뿐 수 변화는 하지 않습니다. ninguno(-a)를 활용한 전체의 부분 표현에서 전체가 인칭대명사(nosotros, vosotros, ustedes)인 경우, 뒤에 나오는 동사의 인칭은 단수와 복수 모두 가능합니다. 하지만 스페인 왕립학술원 RAE는 교양 스페인어에서는 단수 동사를 선호한다고 명시하고 있습니다.

> Ninguno de nosotros era supersticioso.　우리 중 그 누구도 미신을 믿지 않았다.
> Ninguno de vosotros queréis eso.　너희 중 그 누구도 그것을 좋아하지 않는다.

Tip 집합명사(sustantivos colectivos)의 경우, alguien과 nadie의 사용이 가능합니다.

> Alguien del vecindario me dijo sobre eso.　이웃 중 누군가가 나에게 그것에 대해 말했다.
> No vino nadie de la familia.　가족 중 그 누구도 오지 않았다.
> Nadie del ayuntamiento participó en ese certamen.　시청에서 아무도 그 경연에 참가하지 않았다.

¡OJO!

● **ninguno를 복수로도 사용할 수 있어요!**

단수의 의미로 복수 형태를 사용하는 명사의 앞에 ninguno를 사용하는 경우, ninguno 또한 복수형으로 사용해야 합니다.

> No tengo ningunas gafas con esa forma.　나는 그런 형태의 안경은 가지고 있지 않다.
> No tengo ningunas ganas de ir al cine.　나는 영화관에 전혀 가고 싶지 않다.

● **수량을 나타내는 명사구일 경우, 동사는 단수와 복수 모두 사용 가능해요!**

수량을 나타내는 명사구(la mayoría de …, una buena parte de …, la mitad de …, un grupo de … 등)의 경우, 의미적으로 복수이지만 형태는 단수이기 때문에 단수와 복수 동사 모두 사용이 가능합니다. 단, 동사와 함께 주어를 보충하는 보어가 나올 경우 반드시 복수로만 사용해야 합니다.

> La mayor parte de los ciudadanos ya ha(han) votado.　대부분의 시민들이 이미 투표를 했다.
> Una buena parte de los socios son católicos.　회원들의 대부분이 가톨릭 신자이다.
> 비문 * Una buena parte de los socios es católico.

연습 문제

1 문법적으로 올바른 문장은 O, 틀리거나 어색한 문장은 X 표시 후 바르게 고쳐보세요.

(1) Cecilia está buscando unos documentos que meter en el maletín. ( )

(2) Necesito unos amigos, con quienes hablar de mi familia. ( )

(3) Finalmente he encontrado a una persona que ayudarme. ( )

(4) No tengo ropa que ponerme. ( )

(5) Mi amiga hizo un collar que vender. ( )

(6) No había ningún lugar donde dormir. ( )

(7) Julio ama a una chica en quien confiar. ( )

(8) Quiero un cuchillo con el que cortar el filete. ( )

(9) A mí me quedan un montón de cosas que hacer. ( )

(10) Todavía le quedan las preguntas que responder. ( )

· Vocabularios · **maletín** *m.* 서류 가방   **filete** *m.* 스테이크   **faltar a** ~에 결석하다

2 빈칸을 올바르게 채워보세요.

(1) Seguro que _____ de nosotros sabemos conducir.
   분명 우리 중 몇 명은 운전을 할 줄 알 것이다.

(2) Lo siento; no conozco _____ de las dos.
   죄송합니다. 두 분 다 저는 모르는 사람입니다.

(3) La mitad de los miembros _____ (gritar) enfadados.
   멤버들의 절반이 화가 나서 소리를 쳤다.

(4) Una docena de los alumnos _____ (faltar) a clase.
   십여 명의 학생들이 수업에 결석했다.

(5) No tengo _____ pantalones que ponerme para el festival.
   나는 축제에 입을 바지가 아무것도 없다.

연습 문제

3 제시된 단어를 축소사와 증대사를 사용하여 적어보세요.

(1) 축소사 사용

① mujer   – _____   ② café   – _____

③ Sara   – _____   ④ pulgar – _____

⑤ mañana – _____   ⑥ joven – _____

⑦ madre   – _____

(2) 증대사 사용

① cuchara – _____   ② cuarenta – _____

③ silla   – _____   ④ macho   – _____

⑤ plato   – _____   ⑥ puño   – _____

⑦ padre   – _____

• Vocabularios   pulgar *m.* 엄지손가락, 엄지발가락   puño *m.* 주먹, 한 줌

4 제시된 문장을 작문해 보세요.

(1) 나는 사과를 깎을 칼을 찾고 있다. (pelar)

→ _____

(2) 우리는 해야 할 일이 많았지만, 우리 중 그 누구도 끝마치지 못했다.

→ _____

(3) 그 거대한 몸집의 여자가 길을 막고 있어서 사람들은 야유를 보냈다. (abuchear)

→ _____

(4) 오늘 아침에 눈이 너무 많이 와서 우리 중 누군가는 눈을 치워야만 했다. (retirar)

→ _____

(5) 스페인 사람의 대부분이 파에야를 좋아한다.

→ _____

멕시코 테킬라 마을, Pueblo de Tequila

멕시코 서부 할리스코주에 위치한 테킬라 마을은 아가베agave라는 식물로 만드는 멕시코 전통 토속주인 테킬라Tequila의 생산지입니다. 잎이 용의 혀같이 생겼다고 하여 붙여진 용설란의 수액을 채취하여 하얗고 걸쭉한 풀케pulque라는 탁주를 만들고 이를 증류시킨 것이 테킬라입니다. 알코올 도수는 보통 40도 정도로 소금, 레몬과 함께 샷으로 먹거나 다른 음료에 섞어서 마시기도 합니다. 1968년 멕시코 올림픽 당시 각국의 수많은 사람에게 이 증류주가 전파되어 현재 세계적으로 유명한 술이 되었습니다.

테킬라 마을에는 테킬라가 만들어지는 과정을 체험해 볼 수 있는 '테킬라 투어'가 존재합니다. 투어 종류로는 테킬라 공장과 더불어 농장과 저장소까지 체험할 수 있는 익스프레스 투어와 간소화된 방문으로만 이루어진 투어로 나뉩니다. 여행사마다 투어의 세부 내용은 상이하며 간단한 투어의 경우 마을 광장에서 당일 티켓 구매 및 체험이 가능합니다.

테킬라는 숙성 정도에 따라 블랑코Blanco, 레포사도Reposado, 아녜호 Añejo, 엑스트라 아녜호Extra añejo로 나뉘며 숙성 정도가 길수록 색이 진하고 부드러운 목 넘김과 더불어 맛의 풍미를 느낄 수 있습니다. 가장 유명한 테킬라의 브랜드는 단연 '호세 쿠에르보José Cuervo'로 1795년 설립되었으며 전 세계적인 사랑을 받고 있는 멕시코를 대표하는 주류 기업입니다. 테킬라 마을에는 이 브랜드가 만든 테킬라 박물관이 존재할 만큼 테킬라의 역사를 보여주는 브랜드라고 할 수 있습니다.

테킬라 마을은 테킬라 이외에도 관광특구pueblo mágico로 지정될 만큼 볼거리와 즐길 거리가 많은 마을이며, 화려한 색감을 가진 마을로 멕시코의 문화와 정서를 느낄 수 있는 장소입니다. 곳곳에서 마리아치의 공연을 볼 수 있고 하늘을 나는 볼라도레스voladores 등 다양한 행사와 축제를 경험할 수 있습니다.

Soluciones
정답

- 연습문제 정답 (lección 1~15)

lección 1

1.

(1) A Gerardo lo/le han citado para una entrevista de trabajo.
면접을 위해 (다름 아닌) 헤라르도와 만날 약속을 정했다.

(2) Esas tareas las hemos llevado a cabo al final.
우리들은 결국 (바로) 이 과제들을 수행했다.

(3) A los testigos los llamó la abogada con el fin de hacer testificar su inocencia.
변호사는 그의 무죄를 입증하기 위해 (바로 그) 증인들을 불렀다.

(4) A Pilar la persiguió un desconocido.
한 낯선 사람이 (다름 아닌) 필라르를 쫓았다.

(5) La carta de reclamación la tenemos que reenviar lo más pronto posible.
우리는 가능한 한 빨리 이의 신청서를 다시 제출해야 한다.

(6) A Sonia y a Celina les piden que formulen unas preguntas para los candidatos.
후보자들을 위해 몇 가지 질문을 작성하도록 (다름 아닌) 소니아와 셀리나에게 요청한다.

(7) El clima lo pueden alterar las emisiones de dióxido de carbono.
이산화탄소의 배출이 기후를 바꿀 수 있다.

(8) El vuelo de Ana lo han cancelado por culpa de las lluvias torrenciales.
폭우 때문에 아나의 비행기를 취소했다.
(아나의 비행기가 취소되었다.)

(1) lo/le   (2) las   (3) los   (4) la
(5) la   (6) les   (7) lo   (8) lo

2.

[예시]
La madre le lava los pies a su niño.
어머니는 그의 자식의 발을 씻긴다.
→ La madre se lava los pies.
어머니는 자신의 발을 씻는다.

(1) Rocío le pinta los labios a su hermana.
로시오는 그의 여자 형제에게 립스틱을 발라준다.
→ Rocío se pinta los labios.
로시오는 립스틱을 바른다.

(2) Daniela la viste con la falda azul oscuro.
다니엘라는 다크 블루 색상의 치마를 그녀에게 입힌다.
→ Daniela se viste con la falda azul oscuro.
다니엘라는 다크 블루 색상의 치마를 입는다.

(3) Cristina le ha planchado la camisa a su marido.
크리스티나는 그녀의 남편의 셔츠를 다렸다.
→ Cristina se ha planchado la camisa.
크리스티나는 그녀의 셔츠를 다렸다.

(4) Los chicos malos le mancharon la ropa a su amigo.
나쁜 아이들이 그의 친구의 옷을 더럽혔다.
→ Los chicos malos se mancharon la ropa.
나쁜 아이들이 자신의 옷을 더럽혔다.

(5) Gabriela le pone las gafas de sol a su novio.
가브리엘라는 그녀의 남자친구에게 선글라스를 씌운다.
→ Gabriela se pone las gafas de sol.
가브리엘라는 선글라스를 낀다.

(6) Ximena casa a su hija con un hombre de familia adinerada.
히메나는 그녀의 딸을 부잣집 남자와 결혼시킨다.
→ Ximena se casa con un hombre de familia adinerada.
히메나는 부잣집 남자와 결혼한다.

(7) Una mujer me ha sentado en el banco de pronto.
한 여자가 갑자기 나를 의자에 앉혔다.
→ Una mujer se ha sentado en el banco de pronto.
한 여자가 갑자기 의자에 앉았다.

(8) Rafael le secó las manos a su abuela.
라파엘은 그녀의 할머니의 손을 닦았다.
→ Rafael se secó las manos.
라파엘은 손을 말렸다.

3.

(1) A ese chico le estaba buscando desde hace mucho tiempo. 오랫동안 (바로 그) 소년을 찾고 있었다.

(2) A la chica que me mencionaste ayer le impuse una multa. 나는 어제 네가 말한 (바로 그) 여자에게 벌금을 부과했다.

(3) A Carmen le queremos todos.
우리 모두는 (다름 아닌) 카르멘을 사랑한다. [비문]

(4) A Picasso se le considera como uno de los artistas más famosos del siglo XX. (사람들은) 피카소를 20세기의 가장 유명한 예술가 중 한 명으로 여긴다.

(5) Siempre me pongo con los pendientes que me has regalado. 나는 네가 선물해 준 귀걸이를 항상 착용한다. [비문]

(6) Cecilia se limpia los dientes en cuanto come algo dulce. 세실리아는 단것을 먹자마자 이를 닦는다.

(7) Unos bolis los compré de camino a casa.
집에 오는 길에 나는 볼펜을 샀다. [비문]

(8) Este escritor se le homenajeó por su talento ingenioso. 그의 영리한 재능 때문에 (사람들은) 이 작가에게 존경을 표했다. [비문]

정답 1~15과 연습문제

(9) A Dana y a ti les caerá muy bien el nuevo compañero de piso.
너와 다나에게 새로운 하우스 메이트가 (성격적으로) 잘 맞을 거야.
[비문]

(10) A su padre se dijo que Alex va a montar un pequeño negocio.
알렉스는 작은 사업을 차릴 거라고 (다름 아닌) 그의 아버지에게 말했다. [비문]

(1) ○ (2) ○ (3) X, le → la
(4) ○ (5) X, con 삭제 (6) ○
(7) X, Unos → 특정성 부여하는 단어로 변경
(정관사, 지시사, 소유사 등)
(8) X, Este escritor → A este escritor
(9) X, les → os (10) X, se → le

4.

(1) A ese alumno le escribió el director una carta de recomendación.
(2) A la dependienta le volví a preguntar las condiciones de reembolso.
(3) A María la designaron como líder(lideresa).
(4) Vi que un camión le(lo) atropelló anoche.
(5) Cuando Celia era pequeña, le echaba la culpa a su hermano menor.

lección 2

1.

(1) Se está todo bien aquí.
여기에서 모두가 잘 지냅니다.
(2) Se me cayó el bolígrafo.
볼펜이 나에게서 떨어졌다. (나는 볼펜을 떨어뜨렸다.)
(3) Se lo diré más tarde.
그/그녀/당신에게 그것을 나중에 말씀드릴게요.
(4) La pareja de novios se besa en medio del campo.
커플이 운동장 한가운데에서 서로 키스를 한다.
(5) Se vende un piso grande.
큰 아파트를 팝니다. (큰 아파트가 팔리고 있습니다.)
(6) Juana se comió dos trozos de pizza.
후아나는 피자 두 조각을 다 먹어치웠다.
(7) Me encontré con Álex hace una semana.
나는 일주일 전에 알렉스와 우연히 마주쳤다.
(8) Se vive feliz. 사람들이 행복하게 산다.

(9) Se rompieron todos los vasos en la mesa.
테이블 위에 있던 모든 잔이 깨졌다.
(10) Mi hermano siempre se jacta de su habilidad de comunicación con sus clientes.
내 남자 형제는 항상 고객과의 의사소통 능력을 자랑한다.

(1) 비인칭 (2) 무의지 (3) 간접목적대명사
(4) 상호 (5) 비인칭, 수동 (6) 강조
(7) 재귀 (8) 비인칭 (9) 수동
(10) 재귀(대명동사)

2.

A Isaac Newton se le reconoce como uno de los mejores científicos del mundo.
사람들은 아이작 뉴턴을 세계 최고의 과학자 중 한 명으로 인정합니다.

비인칭 : 3, 4번

(1) Por fin se han solucionado los problemas.
[수동] 드디어 문제가 해결되었다.
(2) Se construyeron estos dos puentes hace muchos años. [수동] 이 두 다리는 수년 전에 건설되었다.
(3) Últimamente se lee poco en casi todos los países.
[비인칭] 최근 대부분의 나라에서 사람들은 독서를 거의 하지 않는다.
(4) Se busca a la persona que robó el coche.
[비인칭] 자동차를 훔친 사람을 찾고 있습니다.
(5) Se me escaparon las lágrimas tan pronto como lo vi. [무의지] 나는 그를 보자마자 눈물이 쏟아졌다.
(6) Dante siguió riéndose de ella.
[강조] 단테는 계속해서 그녀를 비웃었다.
(7) Mejor vístase con la chaqueta elegante.
[재귀] 우아한 재킷을 입는 것이 좋을 것 같아요.

3.

(1) Antonia siempre se burla a los demás.
안토니아는 항상 다른 사람을 놀린다. [비문]
(2) Alexa y Pablo se escriben cartas uno al otro.
알렉스와 파블로는 서로에게 편지를 쓴다. [비문]
(3) Se piensan que este luchador es el mejor del año.
그들은 이 선수가 올해 최고의 선수라고 생각한다. [비문]
(4) Véase más arriba. 더 위의 내용을 참조하십시오.
(5) Cómprense unos cafés con este dinero.
이 돈으로 커피 몇 잔을 사세요.
(6) Mi niño se desvive de la música.
우리 아이는 음악에 큰 관심을 보인다. [비문]

(7) Se ha muerto mi perrito hace poco.
　방금 전에 나의 강아지가 죽었다.

(8) Nosotros acordamos de nuestra profesora.
　우리는 우리의 선생님을 기억한다. [비문]

(9) ¿No te enteraste de que estaba aquí?
　너는 내가 여기 있는 걸 몰랐니?

(10) El director se va a rechazar su idea.
　감독은 그의 아이디어를 거절할 것이다. [비문]

(1) X, a → de
(2) X, uno al otro → uno a otro, el uno al otro
(3) X, piensan → piensa
(4) ○ (비인칭)　　(5) ○ (강조)
(6) X, de → por　　(7) ○ (강조)
(8) X, acordamos → nos acordamos
(9) ○ (재귀)　　(10) X, se 삭제

4.

(1) No se puede cruzar la calle; está en obras.
(2) Se clausuraron al final las negociaciones entre ambas partes.
(3) A mi amigo se le ha olvidado traer el paraguas.
(4) El empleado en prácticas se encargó de un trabajo importante de la empresa.
(5) Estos días los jóvenes se esfuerzan por encontrar un buen trabajo.

lección 3

1.

(1) Hoy es (X) domingo, 21 de marzo.
　오늘은 3월 21일 일요일이다.

(2) ¿No te gusta (la) paella? 너는 빠에야를 좋아하지 않니?

(3) (Los) García donan sangre para los heridos del accidente. 가르시아네 부부는 사고로 부상을 당한 사람들을 위해 헌혈을 한다.

(4) A (los) 16 años aprendí español por primera vez.
　나는 16살에 처음으로 스페인어를 배웠다.

(5) Andrés es todavía mayor de lo que pensaba, pero tiene cara de (X) niño.
　안드레스는 내가 생각했던 것보다 훨씬 나이가 많았지만, 얼굴은 동안이다.

(6) Yo solo sé hablar (el) alemán que aprendí en la escuela. 나는 학교에서 배운 독일어만 말할 줄 안다.

(7) Esta mañana he desayunado tostadas a (la) francesa. 오늘 아침 나는 프렌치토스트를 아침으로 먹었다.

(8) ¿Recuerdas (el) invierno cuando se congelaron todos los ríos? 모든 강이 얼어버렸던 그 겨울을 넌 기억하니?

(9) Instagram fue lanzada (el) 6 de octubre de 2010.
　인스타그램은 2010년 10월 6일에 시작되었다.

(10) Todavía no son (las) dos. Quedan dos minutos.
　아직 2시가 아니야. 2분이 남았어.

(11) (X) doña Juana me saludó con un beso.
　후아나 여사는 키스로 나를 맞이했다.

(12) David es (un) estudiante bien aplicado.
　다비드는 매우 근면한 학생이다.

(13) Hoy vamos a aprender sobre (la) España moderna.
　오늘은 현대 스페인에 대해 배우겠습니다.

(14) Le atiendo, (X) señorita López.
　도와드릴게요, 로페스 씨.

(15) ¿A cuánto está (el) kilo de manzanas?
　사과 1kg에 얼마인가요?

(16) Habrá una rueda de prensa en (X) agosto.
　8월에 기자회견이 있을 것이다.

(17) Necesitamos (X, el) otro libro.
　우리는 다른 책이 필요하다.

(18) Me encantan las galletas de (X) mantequilla.
　나는 버터 쿠키를 매우 좋아한다.

(19) ¿Quieres (X, un) café?
　– No, a mí no me sienta bien (el) café.
　너 커피 좋아해? (커피 한잔할래?)
　– 아니, 커피는 나에게 잘 맞지 않아.
　　(커피가 나에게 좋지 않은 영향을 줘.)

(20) (X, El) hacer ejercicio es muy bueno para la salud.
　운동을 하는 것은 건강에 매우 좋다.

(1) X　　(2) la　　(3) Los
(4) los　　(5) X　　(6) el
(7) la　　(8) el　　(9) el
(10) las　　(11) X　　(12) un
(13) la　　(14) X　　(15) el
(16) X　　(17) X, el　　(18) X
(19) X, un / el　　(20) X, El

2.

(1) La conferencia se celebraba los jueves.
　강연은 목요일마다 열린다.

(2) ¿Cuánto tiempo se tarda en subir al Everest?
　에베레스트를 오르는 데 얼마나 걸리나요?

(3) Pásame la sal, por favor. 소금 좀 건네주세요.

정답 1~15과 연습문제

(4) Nunca he visitado Habana en mi vida.
나는 내 인생에서 한 번도 아바나를 방문한 적이 없다. [비문]

(5) Tengo pensado comparar juguetes del niño para mi sobrino. 조카를 위해 그 (특정) 아이의 장난감을 사줄 생각이다.
[어색한 문장]

(6) Sara juega muy bien al ajedrez.
사라는 체스를 아주 잘 둔다.

(7) ¿Cuál es una película más divertida del festival?
페스티벌에서 가장 재밌는 영화가 무엇인가요? [비문]

(8) Gato es un animal muy cariñoso.
고양이는 매우 애정이 넘치는 동물이다. [비문]

(9) Fray Pedro Simón era una persona humanista.
페드로 시몬 수도사는 인도주의자였다.

(10) Un policía me dijo que había asunto pendiente.
한 경찰관이 나에게 풀리지 않은 사건이 있다고 말했다. [비문]

(1) ○ (2) ○ (3) ○
(4) X, Habana → La Habana
(5) X (어색한 문장), del niño → de niño
(6) ○ (7) X, una → la
(8) X, Gato → El (9) ○
(10) X, asunto → un asunto

3.

(1) Se construyó este puente en 1993 (en el 93).
(2) Alejandra va a hacer una exposición sobre el México antiguo.
(3) Tan pronto como vi la foto pensé en la cara del niño. (se me vino a la mente la cara del niño.)
(4) Al final no pude encontrar el pendiente.
(5) Hace poco he corregido unos errores un tanto críticos.

lección 4

1.

(1) Ayer hacía (hacer) muy buen tiempo; decidí ir de picnic. 어제는 날씨가 매우 좋아서 나는 소풍을 가기로 결정했다.

(2) Vi (yo, ver) a un ladrón. Era alto y tenía bigote.
나는 도둑을 보았다. 그는 키가 크고 콧수염이 있었다.

(3) Iba a saludarte, pero no pude (yo, poder). Es que tenía mucha prisa.
네게 인사하려고 했는데 하지 못했어. 내가 너무 바빴거든.

(4) Leo estuvo (estar) de pie en el mismo lugar durante 5 horas. 레오는 5시간 동안 같은 장소에서 서 있었다.

(5) ¿Qué tal fue la fiesta?
– Fue maravillosa, pero bulliciosa.
파티는 어땠어? – 최고였지만, 사람이 너무 많았어.

(6) ¿Pero tú estabas (estar) aquí? ¡No lo sabía!
너 여기에 있었어? 몰랐어!

(7) Nadie vino al final a la conferencia, así que no pude (yo, poder) hacer nada.
회의에 결국 아무도 오지 않아서 나는 아무것도 할 수 없었다.

(8) ¿Fuiste a la boda de Manuela?
– Tenía (yo, tener) que ir, pero se me olvidó.
마누엘라의 결혼식에 갔어? – 가야 했는데 까먹었어.

(9) Su amigo no sabía que hoy no había clase.
– Uy, tenía (yo, tener) que habérselo dicho.
그의 친구는 오늘 수업이 없다는 것을 몰랐다.
– 이런, 내가 말했어야 했는데.

(10) El jefe nos dijo que hoy venía (venir) un cliente muy especial.
상사는 오늘 매우 특별한 손님이 올 거라고 우리들에게 말했다.

(11) El otro día soñé (yo, soñar) con mi mujer.
며칠 전 나의 아내 꿈을 꾸었다.

(12) En el momento en que supe (yo, saber) la verdad, me sorprendí mucho. 그 사실을 안 순간 나는 너무 놀랐다.

(13) No sabía (yo, saber) que Aroa era italiana hasta que me habló en italiano. 나는 아로아가 나에게 이탈리아어로 말하기 전까지 그녀가 이탈리아 사람인 것을 몰랐다.

(14) Aquella misma mañana ella decidió (decidir) confesar todo a su novio. 바로 그날 아침 그녀는 그녀의 남자친구에게 모든 것을 고백하기로 결심했다.

(15) Había demasiada gente en la heladería, de modo que no pudimos (nosotros, poder) comprar helado.
아이스크림 가게에 사람이 너무 많아서 우리는 아이스크림을 살 수 없었다.

(16) Cuando era (yo, ser) pequeño, me gustaba (gustar) hacer senderismo. 내가 어렸을 때, 하이킹을 좋아했다.

(17) ¿A quién estabas (tú, estar) esperando en la parada de autobús?
너는 버스 정류장에서 누구를 기다리고 있었어?

(18) Señor Rodríguez, queríamos (nosotros, querer) pedirle un favor.
로드리게스 씨, 우리는 당신에게 도움을 요청하고자 합니다.

(19) Como no tenía (yo, tener) suficiente dinero, no fui (ir) al concierto.
나는 충분한 돈이 없었기 때문에 콘서트에 가지 않았다.

(20) Podía (yo, poder) averiguar quién era el que me mintió, pero no quería hacerlo.
나에게 거짓말을 한 사람이 누구인지 알아낼 수 있었지만, 그렇게 하고 싶지 않았다.

(1) hacía (2) Vi (3) pude
(4) estuvo (5) fue, Fue (6) estabas
(7) pude (8) Tenía (9) tenía
(10) venía (11) soñé (12) supe
(13) sabía (14) decidió (15) pudimos
(16) era, gustaba (17) estabas (18) queríamos
(19) tenía, fui (20) Podía

2.

(1) Mientras estuve en Guanajuato, conocí a mi mujer.
내가 과나후아토에 있는 동안 아내를 만났다. [비문]

(2) Cuando llegó a casa, sonó el teléfono de repente.
(그가) 집에 도착했을 때, 갑자기 전화벨이 울렸다.

(3) Siempre te he echado mucho de menos.
나는 항상 너를 많이 그리워했어.

(4) Nunca sabrás que siempre te he echado de menos.
내가 항상 너를 그리워했다는 것을 너는 절대 모를 거야.

(5) Anoche robaban una obra muy costosa.
어젯밤 누군가 매우 비싼 작품을 훔쳤다. [비문]

(6) El tren ha partido hace poco y era el último tren de hoy. 방금 전에 기차가 떠났고 그게 오늘의 마지막 차였다.

(7) Aquel día estaba tan borracho que me caí al suelo.
그날 나는 너무 취해서 바닥에 쓰러졌다.

(8) Perdóname, ¿cuál era tu nombre? No me acuerdo bien. 미안해, 이름이 뭐였지? 기억이 잘 안 나네.

(9) Ignacio estaba en Quito de lunes a viernes.
이그나시오는 월요일부터 금요일까지 키토에 있었다. [비문]

(10) Mi novia pudo elegir cualquier cosa, pero no eligió nada. 내 여자친구는 무엇이든 선택할 수 있었지만, 아무것도 선택하지 않았다. [비문]

(1) X, estuve → estaba (2) O
(3) O (4) O
(5) X, robaban → robaron (6) O
(7) O (8) O
(9) X, estaba → estuvo (10) X, pudo → podía

3.

(1) Cuando supe que mi hermano menor había aprobado el examen, me puse muy contento/a.
(2) Me quedé dormido/a mientras veía la película.
(3) Hace más de 10 años que dejó de fumar mi padre y se encuentra muy bien ahora.
(4) Cuando éramos pequeños/as, discutíamos a menudo, pero ahora nos llevamos bien.

(5) Dondequiera que vayamos, Fernando siempre nos lleva en su coche.

lección 5

1.

(1) Este edificio fue/ha sido construido por el arquitecto. 이 건물은 이 건축가에 의해 지어졌다.

(2) Es mejor quedarte aquí; la salida ya está cerrada.
너는 여기에 남는 것이 좋을 거야. 출구가 이미 막혔어.

(3) Lamentablemente su solicitud no fue/ha sido aceptada por el tribunal.
유감스럽게도 귀하의 신청서는 법원에서 승인되지 않았습니다.

(4) ¿El problema tuyo todavía no está resuelto?
너의 문제가 아직도 해결되지 않았니?

(5) Los alpinistas fueron/han sido rescatados por un socorrista. 등산객들은 한 구조 대원에 의해 구조되었다.

(6) La mayoría de las películas fueron/estaban censuradas en aquel entonces. 그 당시 대부분의 영화는 검열되었다.

(7) Este callejón ha sido/fue cerrado por la gran nevada. 이 좁은 길은 폭설로 폐쇄되었다.

(8) Señora, su actitud podría ser criticada por todos los invitados.
부인, 당신의 태도는 모든 초청객들에게 비난받을 수 있습니다.

(9) Marisol ha sido respetada finalmente por su jefe.
마리솔은 드디어 그의 상사에게 존중받았다.

(10) Este libro fue escrito por Gabriel García Márquez.
이 책은 가브리엘 가르시아 마르케스에 의해 쓰였다.

(1) fue/ha sido (2) está (3) fue/ha sido
(4) está (5) fueron/han sido
(6) fueron/estaban (7) ha sido/fue (8) ser
(9) ha sido (10) fue

2.

(1) La catedral fue reconstruida por el ayuntamiento.
대성당은 시청에 의해 재건설되었다.
→ Se reconstruyó la catedral.
대성당이 재건설되었다.

(2) Mi padre alquila dos pisos en Madrid.
우리 아버지는 마드리드에서 아파트 두 채를 임대한다.
→ Se alquilan dos pisos en Madrid.
마드리드에서 아파트 두 채가 임대된다.

정답 1~15과 연습문제

(3) Mi secretario ha enviado la carta.
내 비서가 편지를 보냈다.
→ Se ha envidado la carta.
편지가 보내졌다.
(4) Esas obras fueron expuestas por tres meses.
이 작품들은 3개월 동안 전시되었다.
→ Se expusieron esas obras por tres meses.
이 작품들은 3개월 동안 전시되었다.
(5) El director rechazó el nuevo plan de ventas.
사장은 새로운 판매 계획을 거절했다.
→ Se rechazó el nuevo plan de ventas.
새로운 판매 계획이 거절되었다.

3.

(1) Todo el mundo se quiere vivir una vida feliz.
누구나 행복한 삶을 원한다. [비문]
(2) No se aceptaban las opiniones de los nuevos empleados. 신입사원의 의견이 수용되지 않았다.
(3) Alguno de nosotros no fue respetados por algunas razones.
우리 중 누군가는 어떤 이유로 존중받지 못했다. [비문]
(4) Tras el juicio, se consideró culpables a los detenidos.
재판 후, 사람들은 수감자들을 죄인으로 여겼다.
(5) Hace unos años se vendían estas cosas a un precio muy elevado.
몇 년 전에 이것들은 매우 높은 가격에 팔렸다.
(6) En algunos hospitales no se permitían visitas a causa de la pandemia.
일부 병원에서는 팬데믹으로 방문객(면회)을 허용하지 않았다.
(7) María y yo nos hemos quedado agotado después del trabajo extra.
마리아와 나는 추가 노동 후에 지쳐버렸다. [비문]
(8) Mi mujer sigue resfriada desde el viernes pasado.
나의 아내는 지난 금요일부터 감기에 걸려있다.
(9) Todos los libros se han devolvido.
모든 책이 반환되었다. [비문]
(10) Tengo escritas diez cartas.
나는 10통의 편지를 썼다.
(나는 10통의 쓰인 편지를 가지고 있다.)

(1) X, se 혹은 Todo el mundo 삭제
(2) ○   (3) X, respetados → respetado
(4) ○   (5) ○   (6) ○
(7) X, agotado → agotados/as   (8) ○
(9) X, devolvido → devuelto   (10) ○

4.

(1) Se han talado unos árboles. (Se talaron unos árboles.)
(2) Todos los heridos en el atentado ya han sido curados por médicos de todo el mundo.
(3) Las sugerencias(propuestas) de Alex siempre han sido rechazadas por sus compañeros.
(4) Esta revista, publicada en agosto, se vende a 5 euros.
(5) Ya se agotaron las entradas, pero todavía hay muchos que quieren ir al concierto.

lección 6

1.

(1) Sandra me dijo que llegaría un poco tarde.
산드라는 나에게 조금 늦을 거라고 말했어.
(2) ¿Dónde estará mi hijo?
– Podría estar con sus amigos, pero no sé.
내 아들이 어디에 있을까?
– 그의 친구들과 있을 수도 있을 것 같은데 잘 모르겠네.
(3) El otro día Cristina tendrá gripe. No vino al instituto ni a la academia.
며칠 전 크리스티나는 독감에 걸릴 것이다. [비문] 학교도 학원도 오지 않았다.
(4) Roberto era una persona divertida.
– Será divertido, pero a nadie le gustaba.
로베르토는 재미있는 사람이었어.
– 재미있는 사람이지만, [비문] 아무도 그를 좋아하지 않았어.
(5) Está bien vivir aquí, pero sería mucho mejor vivir en la ciudad. 여기서 사는 것도 괜찮지만, 도시에서 사는 것이 훨씬 더 나을 텐데.
(6) Te llamé ayer, pero no cogiste el teléfono.
– Perdona, estaría duchándome.
어제 너에게 전화했지만 받지 않더라.
– 미안해, 샤워 중이었을 거야.
(7) Ud. en mi lugar, ¿qué haría?
당신이 제 입장이라면, 어떻게 하시겠어요?
(8) Cecilia es una sinvergüenza.
– Yo decería más bien que es vaga. [비문]
세실리아는 파렴치해. – 나는 오히려 그녀가 게으른 것 같아.
(9) Sería mejor que lo hicieras tú.
네가 그것을 한다면 더 좋을 텐데.
(10) Serán las cuatro menos diez cuando mi padre regresó a casa. 우리 아버지가 집에 돌아오셨을 때가 4시 되기 10분 전일 거야. [비문]

(1) ○   (2) ○   (3) X, tendrá → tendría
(4) X, Será → Sería   (5) ○   (6) ○
(7) ○   (8) X, deciría → diría
(9) ○   (10) X, Serán → Serían

2.

(1) Yo que tú, elegiría (elegir) esta falda roja.
내가 너라면 이 빨간 치마를 선택할 거야.

(2) No me gusta vivir en Seúl. Viviría (vivir) más a gusto en Busan.
나는 서울에서 사는 것이 싫어. 부산에서 더 즐겁게 살 텐데.

(3) El cumpleaños de Ana sería (ser) ayer porque la felicitaron en la piscina.
아나의 생일은 어제였을 거야. 왜냐하면 수영장에서 사람들이 그녀를 축하해 줬기 때문이야.

(4) Viviríamos (vivir) en México 3 años, pero no hablamos nada español. 우리는 멕시코에서 3년을 살았지만, 스페인어를 전혀 할 줄 모른다.

(5) No deberías (deber) tirar la toalla. Tienes que hacerlo a tope.
너는 포기해서는 안 된다. 최대한으로 그것을 해야만 한다.

(6) Creía que tú te verías (verse) mejor con el pelo largo. 나는 네가 긴 머리가 나을 거라고 생각했어.

(7) ¿Cuánto cuesta en total?
– Serían(Son) (ser) diez con cincuenta.
총 얼마예요? – 10유로 10센트입니다.

(8) Me dijo que ellos ya se habrían marchado (marcharse) a esa hora.
그 시간에는 그들이 이미 떠났을 거라고 나에게 말해주었다.

(9) El próximo lunes Andrea ya habrá regresado (regresar) a Nerja.
다음 주 월요일이면 안드레아는 이미 네르하로 돌아갔을 것이다.

(10) Beatriz faltó a la clase ayer. Se habría quedado (quedarse) dormida en casa.
베아트리스는 어제 수업에 빠졌다. 집에서 잠들어 버렸을 것이다.

(1) elegiría   (2) Viviría
(3) sería   (4) Viviríamos
(5) deberías   (6) te verías
(7) Serían(Son)   (8) se habrían marchado
(9) habrá regresado   (10) Se habría quedado

3.

(1) ¿Cuántas personas habrían en la fiesta?
얼마나 많은 사람들이 파티에 있었을까?

(2) Antes era flaco. Pensaba que pesará más o menos 40 kilos. 그는 예전에 말랐다. 한 40kg 정도 나갔을 거라고 생각했다.

(3) Sara me ha dicho que él estaría estudiando ahora.
사라는 그가 지금 공부 중일 거라고 나에게 말했다.

(4) Le dijeron que habrán venido bastantes clientes.
그들은 많은 손님이 올 거라고 그에게 말했다.

(5) Me llamó diciendo que solo me espera hasta las dos. 그는 전화로 2시까지만 나를 기다릴 거라고 말했다.

(1) habrían → habría   (2) pesará → pesaría
(3) estaría → estará   (4) habrán → habrían
(5) espera → esperaría

4.

(1) Según las noticias, el partido se celebraría a la hora prevista.
(2) Mi gato murió ayer, pero siempre estará en mi corazón.
(3) Cuando la vi por primera vez, tendría más o menos 23 años.
(4) El juez comentó que tendría que interrogar de nuevo al acusado para un juicio justo.
(5) Jaime me dijo que habría terminado la fiesta a esa hora.

lección 7

1.

(1) No sabía que hubieras sacado una buena nota.
나는 네가 좋은 성적을 받은 것을 몰랐다. [비문]

(2) Siempre me decía que hiciera lo que quisiese.
항상 내게 원하는 것을 하라고 말했다.

(3) La jefa le ha ordenado a su secretario que limpie su despacho.
사장은 비서에게 그의 사무실을 청소하라고 지시했다.

(4) No es natural que ella se comporta así.
그녀가 그렇게 행동하는 것이 이상하다. [비문]

(5) Dile a Ángel que le esperaré hasta las diez.
앙헬에게 내가 10시까지 기다리겠다고 말해줘.

(6) Os advierto que no fumáis en esta zona.
나는 너희가 이 지역에서 담배를 피우는 것을 경고한다. [비문]

(7) Era obvio que Jaime no quería hablar conmigo.
하이메가 나와 이야기하고 싶어 하지 않는 것이 분명했다.

(8) No me gusta que salgas con esos tipos.
나는 네가 그 작자들과 나가 노는 것이 싫어.

정답 1~15과 연습문제

(9) José sintió que no puedas venir con nosotros.
호세는 네가 우리와 함께 갈 수 없는 것을 유감스러워했다. [비문]
(10) Le hemos pedido que baje el volumen de la música.
우리는 그에게 음악 볼륨을 낮춰 달라고 요청했다.
(11) Me temo que no pueda asistir a la reunión.
아무래도 회의에 참석하지 못할 것 같아. [비문]
(12) A lo mejor Juliana haya aprendido algo nuevo.
아마도 훌리아나는 새로운 것을 배웠을 것이다. [비문]
(13) No te preocupes, seguro que vendrá muy pronto.
걱정하지 마, 그는 곧 돌아올 거야.
(14) A los participantes se les exigió que no dijeran mentiras. 참가자들에게 거짓말을 하지 않을 것을 요청했다.
(15) No estoy seguro de que ellos se casan dos meses después.
나는 그들이 2달 후에 결혼한다는 것을 확신하지 못한다. [비문]
(16) Te he dicho mil veces que te laves las manos en cuanto llegues a casa.
집에 오자마자 손을 씻으라고 내가 너에게 수천 번 말했잖아.
(17) Me haría mucha ilusión que me podáis acompañar a la exposición. 너희들이 전시회에 나와 함께 가줄 수 있다면 무척 행복할 것 같아. [비문]
(18) No era verdad que Fernando es danés.
페르난도가 덴마크 사람이라는 것은 사실이 아니었다. [비문]
(19) Sospecho que lo has hecho tú.
나는 그것을 네가 했다고 의심한다.
(20) Fue una suerte que había podido lograr todos mis sueños. 내 꿈을 모두 이룰 수 있었던 것은 행운이었다. [비문]

(1) X, hubieras → habías (2) ○
(3) ○ (4) X, se comporta → se comporte
(5) ○ (6) X, fumáis → fuméis
(7) ○ (8) ○ (9) X, puedas → pudieras
(10) ○ (11) X, pueda → puedo
(12) X, haya → ha (13) ○ (14) ○
(15) X, se casan → se casen (16) ○
(17) X, podáis → pudieras (18) X, es → sea
(19) ○ (20) X, había → hubiera

2.

(1) ¡Quién sacara/sacase (sacar) una matrícula de honor! (대학교) 최고 성적을 받고 싶다!
(2) Probablemente ellos no vuelvan/vuelven (volver) a pelear. 아마도 그들은 다시는 말다툼을 하지 않을 것이다.
(3) ¡Si hubiera/hubiese (haber) aprobado el examen de lectura!
독해 시험에 합격했다면 좋았겠다!

(4) Sé que en este planeta nunca llueve, pero ojalá que lloviera/lloviese (llover).
이 행성에서는 비가 오지 않는다는 것을 알지만 비가 왔으면 좋겠다.
(5) Puede que Celina haya (haber) aprendido el tango.
셀리나가 탱고를 배웠을 수도 있다.
(6) Me hubiera/habría (haber) gustado ir contigo.
너와 함께 간다면 좋았을 텐데.
(7) Sería mejor que llevaras/llevases (llevar, tú) el paraguas por si llueve.
비가 올 수도 있으니 우산을 가져가는 것이 좋을 거야.
(8) Siento que no me amas/ames (amar) tú.
[직설법] 네가 나를 사랑하지 않는 것 같아.
[접속법] 네가 나를 사랑하지 않아서 유감이야.

(1) sacara/sacase (2) vuelvan/vuelven
(3) hubiera/hubiese (4) lloviera/lloviese
(5) haya (6) hubiera/habría
(7) llevaras/llevases (8) amas/ames

3.

(1) En todos los cines prohíben que fumen los espectadores. (En todos los cines les prohíben a los espectadores fumar.)
(2) Mi profesor quiere que me dedique al estudio sin perder tiempo. (Mi profesor quiere que me concentre en el estudio sin perder tiempo.)
(3) Mis padres esperaban que yo consiguiera una beca, pero al final no pude ganarla.
(4) La sociedad global nos requiere que hablemos más de un idioma extranjero.
(5) Todos esperamos que se desarrollen cuanto antes medicamentos para la COVID-19.

lección 8

1.

(1) Si ves a Pedro, dale recuerdos de mi parte.
페드로를 본다면 내 안부 좀 전해줘.
(2) Si yo fuese ministro de Educación, prohibiría los anuncios inadecuados en YouTube.
내가 교육부 장관이라면 유튜브의 부적절한 광고를 금지할 텐데.
(3) No te pusiesen una multa si respetaras el límite de velocidad. 네가 제한 속도를 준수하면 너에게 벌금을 물지 않을 거야. [비문]

(4) Si ella venga de nuevo, le diría la verdad.
그녀가 다시 온다면 진실을 말할 거야. [비문]

(5) Haría cualquier cosa por ella si tuviera algún problema; pero actualmente no tiene problema alguno. 그녀에게 무슨 일이 생긴다면 나는 그녀를 위해 무엇이든 할 것이다. 하지만 현재는 아무런 문제가 없다.

(6) Haríamos un viajecito si mi padre tuviera tiempo libre. 우리 아버지에게 여유로운 시간이 있다면 우리는 여행을 하러 갈 텐데.

(7) Si yo habría trabajado a destajo, no me hubieran despedido.
내가 열심히 일했더라면 나를 해고하지 않았을 텐데. [비문]

(8) Si tú quisieras, iba a la fiesta.
네가 원한다면 나는 파티에 갈 거야.

(9) Si hubieras dormido lo suficiente, ahora no tendrías sueño. 네가 충분히 잤다면 지금 졸리지 않을 거야.

(10) Si me lo hubieses mencionado antes, yo no habría dicho nada a los demás. 네가 앞서 나에게 그것을 언급해 줬더라면 나는 다른 사람들에게 아무것도 말하지 않았을 텐데.

(11) Señorita, quisiese saber quién es Ud.
저기요, 당신이 누군지 알고 싶어요. [비문]

(12) Después de que naciese la cría del caballo, su propietario se dio cuenta de que era anormal.
새끼 말이 태어난 이후 주인은 그 말이 비정상적이라는 것을 깨달았다. [비문]

(13) Hubiéramos pasado un buen tiempo con Sarita.
우리는 사라와 좋은 시간을 보냈을 텐데. (그러지 못했다.)

(14) La excursión habría sido fenomenal si no hubiera llovido inesperadamente.
예기치 않게 비가 오지 않았더라면 소풍은 최고였을 텐데.

(15) No me mires así como si no hubiese pasado nada.
아무 일도 일어나지 않았던 것처럼 나를 그렇게 보지 마.

(1) O   (2) O
(3) X, pusiesen → pondrían
(4) X, venga → viniera
(5) O   (6) O
(7) X, habría trabajado → hubiera trabajado
(8) O   (9) O   (10) O
(11) X, quisiese → quisiera
(12) X, naciese → nació/naciera
(13) O   (14) O   (15) O

2.

(1) Si hubiera sabido que ella era madrileña, le habría hablado en castellano. 그녀가 마드리드 출신이라는 것을 알았더라면, 그녀에게 카스티야어로 말했을 거야.

→ De haber sabido que ella era madrileña, le habría hablado en castellano.

(2) Si supiera dónde está Concha, te lo diría.
콘차가 어디 있는지 안다면, 네게 말해줄 텐데.

→ De saber dónde está Concha, te lo diría.

(3) Si tuvieras que elegir al director, ¿a quién elegirías?
네가 사장을 선출해야 한다면, 누구를 선택할 거야?

→ De tener que elegir al director, ¿a quién elegirías?

(4) Si me hubiera graduado de la universidad, hubiera solicitado esa oferta de empleo.
내가 대학에 졸업했더라면, 그 일자리에 지원했을 거야.

→ De haberme graduado en la universidad, hubiera solicitado esa oferta de empleo.

(5) Si fueses director de cine, ¿qué tipo de películas rodarías?
네가 영화감독이라면, 어떤 종류의 영화를 촬영할 거야?

→ De ser director de cine, ¿qué tipo de películas rodarías?

3.

(1) Estás pálido como si hubieras visto/vieras un fantasma.
(2) Cecilia habla francés de manera fluida como si hubiera/hubiese vivido mucho tiempo en Francia.
(3) Me puse las gafas de sol como si fuera(fuese) guiri.
(4) Si hicieras ejercicio regularmente, estarías en forma.
(5) Trabajaría más a gusto si me subieran/subiesen el sueldo.

lección 9

1.

(1) Esta es la casa en que vivía de pequeña.
이 집이 내가 어렸을 때 살던 집이다.

(2) Hablé con un chico quien está encargado del concierto. 나는 그 콘서트를 담당하고 있는 남자와 이야기를 했다. [비문]

(3) Elsa, quien es una de mis mejores amigas, hizo chuletas para el examen. 나의 가장 친한 친구 중 한 명인 엘사는 시험에서 부정행위를 저질렀다.

(4) Los cuales comen mucho, engordan.
많이 먹는 사람들은 살이 찐다. [비문]

정답 1~15과 연습문제

(5) La hija de Andrés, el que es bastante lista, aprobó una oposición.
안드레스의 딸은 똑똑한데, 채용 시험에 합격했다. [비문]

(6) El hombre con que Pilar vivía ha inaugurado un nuevo proyecto. 필라르와 함께 살았던 남자는 새로운 프로젝트를 시작했다. [비문]

(7) Es Juliana que tuvo un accidente grave anoche.
어젯밤 큰 사고를 당한 사람이 훌리아나이다. [비문]

(8) Me he quedado de piedra al verla, por lo que no pude decirle nada.
나는 그녀를 보고 깜짝 놀라 아무 말도 할 수 없었다.

(9) Esa es la actriz en la que estábamos pensando para la nueva película.
그 여배우가 우리가 새로운 영화를 위해 생각하고 있던 배우이다.

(10) Lo que me molesta son los bichos en la habitación.
나를 성가시게 하는 것은 방 안의 벌레들이다.

(11) ¿Cuál es tu maleta? – La cual tiene pegatina.
너의 캐리어는 어떤 거야? – 스티커가 붙어있는 거야. [비문]

(12) Fui de vacaciones con un chileno con quien había hecho amistad en Santiago.
나는 산티아고에서 친구가 된 칠레 사람과 휴가를 갔다.

(13) Jaime, el cual ya conoces, está ingresado en el hospital. 네가 이미 알고 있는 하이메가 병원에 입원한 상태다. [비문]

(14) Mi mujer me dijo una mentira, lo cual me molestó tanto. 나의 아내가 나에게 거짓말을 했는데, 그것이 나를 매우 성가시게 한다.

(15) Nadie sabía dónde está el director, sin el que no podía empezar la actuación.
아무도 감독이 어디에 있는지 몰랐고 그 감독 없이 공연을 시작할 수 없었다.

(16) No tengo hambre, así que come cuantas tartas quieras.
나는 배가 고프지 않으니 네가 원하는 만큼 케이크를 먹어라.

(17) Estáis de vacaciones. Dormid cuanto queráis.
너희들은 휴가 중이잖아. 원하는 만큼 숙면을 취해.

(18) A la novia de Martín la que es belga le ha tocado la lotería. 마르틴의 여자친구는 벨기에 사람인데 로또에 당첨되었다. [비문]

(1) ○ (2) X, quien → que/, quien
(3) ○ (4) X, Los cuales → Los que/Quienes
(5) X, el que → la que
(6) X, con que → con el que/con quien
(7) X, que → la que
(8) ○ (9) ○ (10) ○
(11) X, La cual → La que (12) ○
(13) X, el cual → al cual/al que
(14) ○ (15) ○ (16) ○ (17) ○
(18) X, la que es belga → , la que es belga,

2.

(1) Conozco a una chica. Su hijo es un atleta bien famoso.
한 여자를 나는 알고 있다. 그의 아들은 매우 유명한 운동선수이다.
→ Conozco a una chica cuyo hijo es un atleta bien famoso.

(2) Estoy leyendo un libro. El autor (del libro) es mi viejo amigo.
나는 책 한 권을 읽고 있다. 그 책의 저자는 내 오랜 친구다.
→ Estoy leyendo un libro cuyo autor es mi viejo amigo.

(3) Celina está arreglándose para salir. Su hijo ha batido un récord anual.
셀리나는 외출하기 위해 단장을 하고 있다. 그녀의 아들은 연간 기록을 경신했다.
→ Celina, cuyo hijo ha batido un récord anual, está arreglándose para salir.

(4) Ese es el chico. Andrea se enamoró de su hermano.
그가 이 남자다. 안드레아는 그 사람의 남자 형제에게 사랑에 빠졌다.
→ Ese es el chico de cuyo hermano se enamoró Andrea.

(5) Silvia es la chica. Hemos hablado con su novio.
실비아가 그 여자다. 우리는 그녀의 남자친구와 이야기를 나눴다.
→ Silvia es la chica con cuyo novio hemos hablado.

3.

(1) El chico a quien(al que) está esperando Marina jamás va a regresar.
(2) A Julio, quien(que) no sabía nada de ese asunto, le han despedido del trabajo inesperadamente.
(3) Mis alumnos llegan tarde a menudo a clase, lo que(cual) me molesta.
(4) Pablo Neruda, quien(que) ganó el Premio nobel de Literatura, es considerado uno de los poetas más representativos del siglo XX.
(5) El profesor Kim, quien(que) acaba de regresar de Madrid, presenta hoy una ponencia sobre su estudio.

lección 10

1.

(1) Sois salvadoreños, ¿verdad?
 – No, no lo somos.
너희들은 산살바도르 출신이야, 맞지?
 – 아니, 우리는 산살바도르 출신이 아니야.

(2) Lo siento mucho llegar tarde. 늦어서 미안해. [비문]

(3) ¿No sabes lo guapa que eres tú?
너는 네가 얼마나 예쁜지 모르니?

(4) Lo lógico es que en el futuro la vida sea más cómoda. 미래에는 삶이 더 편해질 거라는 것은 당연하다.

(5) Para mi altura mi peso ideal es 60 kg.
내 키에서 이상적인 체중은 60kg이다. [비문]

(6) Lo que importa es los intereses de los contribuyentes. 중요한 것은 납세자들의 재산(이익)이다. [비문]

(7) Recuerdo el día en que me invitaste a salir.
네가 나에게 고백한 날을 나는 기억해.

(8) Los materiales inflamables son más peligrosos que lo que piensas. 가연성 물질은 네가 생각하는 것보다 더 위험하다. [비문]

(9) Hombre, ¡Aurora va a casarse dentro de una semana!
 – Tranquilo, ya lo sabía.
야, 아우로라가 일주일 후에 결혼한대!
 – 진정해, 이미 알고 있었어.

(10) Es la habitación en que duermo.
여기가 내가 잘 방이다.

(1) O (2) X, Lo 삭제 또는 llegar tarde 삭제
(3) O (4) O
(5) X, es → son (6) X, es → son
(7) O (8) X, que lo que → de lo que
(9) O (10) O

2.

(1) ¡Que hermosas estas flores! 이 꽃들 정말 아름답다!
→ ¡Lo hermosas que son estas flores!

(2) ¡Cuán importante es usar la mascarilla durante la pandemia!
팬데믹 동안에 마스크를 사용하는 것이 얼마나 중요한지!
→ ¡Lo importante que es usar la mascarilla durante la pandemia!

(3) ¡Qué bien cantas tú! 너는 노래를 정말 잘하는구나!
→ ¡Lo bien que cantas tú!

(4) ¡Cuán absurda me pareció en aquel entonces!
그때 당시에 내가 얼마나 바보 같던지!
→ ¡Lo absurda que me pareció en aquel entonces!

(5) ¡Cuán lejos estamos de verdad!
우리가 서로 정말 멀리 떨어져 있구나!
→ ¡Lo lejos que estamos de verdad!

3.

(1) ¿Te acuerdas del día en que nació tu primer sobrino? 너의 첫 조카가 태어난 날을 넌 기억하니?

(2) Esa es la cafetería adonde iba con frecuencia cuando era pequeña.
그 커피숍이 내가 어렸을 때 자주 갔던 곳이야.

(3) Estuve buscando la oficina en donde trabaja señor Martínez durante una hora.
나는 한 시간 동안 마르티네스 씨가 일하는 사무실을 찾고 있는 중이다.

(4) No entiendo la forma como os comunicáis.
나는 너희가 소통하는 방식을 이해하지 못해.

(5) Nunca olvidaré el momento cuando me dijiste que me animara.
네가 나에게 힘내라고 한 순간을 나는 절대 잊지 않을게.

(1) en (2) adonde (3) donde
(4) como (5) cuando

4.

(1) Él logró hoy lo que anhelaba tanto.

(2) Mis amigos ni siquiera mencionaron (mencionaban) lo de Andrea.

(3) Lo único que me interesa es ir de bar en bar con amigos.

(4) Paco no tuvo más remedio que terminar el trabajo (de la manera) como le mandó su jefe.

(5) Al pensar en la noche cuando(en (la) que) murió mi padre se me escaparon las lágrimas.

lección 11

1.

(1) Ayer hacía una semana que murió mi padre.
어제가 아버지가 돌아가신 지 일주일 된 날이다. [비문]

(2) Hace tanto tiempo que hemos hecho la cerámica.
우리가 도자기를 만든 지 꽤 오래되었다.

정답 1~15과 연습문제

(3) Jaime la había conocido desde hacía un año.
하이메는 일 년 전부터 그녀를 알았다. [비문]
(4) El 10 de marzo hizo seis meses que se fue Antonia.
3월 10일은 안토니아가 떠난 지 6개월째 되는 날이다.
(5) Hace bastante tiempo que haré ejercicio.
나는 꽤 오랫동안 운동을 해왔다. [비문]
(6) Había estado en Tegucigalpa hace un mes.
나는 한 달 전에 테구시갈파에 있었다. [비문]
(7) A Salvador Dalí se lo considera como un genio.
사람들은 살바도르 달리를 천재라고 여긴다. [비문]
(8) Se cree que la gripe se curará con este medicamento.
이 약으로 독감이 치료될 것이라고 (모두가) 믿는다.
(9) Se esperaba que no se extendiera la pandemia.
팬데믹이 퍼지지 않을 것으로 예상되었다.
(10) Han despedido a los trabajadores que tomaron parte en la huelga.
(회사는) 파업에 참여하고 있는 근로자들을 해고했다.

(1) X, hacía → hizo   (2) O
(3) X, había conocido → conocía
(4) O   (5) X, haré → hago
(6) X, Había estado → Estuve
(7) X, se lo → se le
(8) O   (9) O   (10) O

2.

(1) ¿Ahora me dirás cuándo lo viste?
이제 네가 그를 언제 봤는지 말해줄래?
→ (예시) Lo vi hace una semana.
일주일 전에 그를 봤어요.
(2) ¿Hace cuántos años que tocas la flauta?
너는 플루트를 연주한 지 몇 년이 되었니?
→ (예시) Hace 10 años que toco la flauta.
플루트를 연주한 지 10년이 되었어요.
(3) ¿Cuándo le dijiste la verdad?
너는 그에게 언제 진실을 말했니?
→ (예시) Se la dije hace dos días.
이틀 전에 그에게 그것을 말했어요.
(4) ¿Desde cuándo conduces?
너는 언제부터 운전을 했니?
→ (예시) Conduzco desde hace 5 años.
5년 전부터 운전을 하고 있어요.
(5) ¿Cuánto hace que eres fiscal?
검사가 된 지 얼마나 되었니?
→ (예시) Hace un año que soy fiscal.
검사가 된 지 1년이 되었어요.

3.

(1) ¿Qué estabas haciendo cuando llegaron tus padres a casa? 부모님이 집에 돌아오셨을 때 너는 무엇을 하고 있었어?
→ (예시) Hacía una hora que leía un libro.
나는 한 시간째 책을 읽고 있었어.
(2) ¿Me dices qué hacías cuando te vi en la calle?
길에서 내가 너를 보았을 때 너는 무엇을 하고 있었는지 말해줄래?
→ (예시) Hacía media hora que estaba esperando a un amigo mío.
나는 30분째 내 친구 중 한 명을 기다리고 있었어요.
(3) ¿Cuánto tiempo hacía que había dejado de trabajar Ud.? (그때) 당신이 일을 그만두신 지 얼마나 되었나요?
→ (예시) Hacía dos años que había dejado de trabajar.
일을 그만둔 지 2년째였습니다.
(4) ¿Cuánto hacía que estabas hospitalizada?
(그때) 너는 입원한 지 얼마나 되었었니?
→ (예시) Hacía un mes que estaba hospitalizada.
입원한 지 한 달이 되었었어.
(5) Quería preguntarle cuánto tiempo hacía que había cumplido el servicio militar.
(그때) 당신이 군 복무를 마친지 얼마나 되었었는지 묻고 싶었어요.
→ (예시) Hacía seis meses que había cumplido el servicio militar.
군 복무를 마친 지 6개월이 지났었어요.

4.

(1) Ayer hizo un año que me divorcié de María.
(Me divorcié de María, ayer hizo un año.)
(2) El próximo miércoles hará tres años que me casé con él.
(3) Mañana hará una semana que llegó a Catar la selección coreana de fútbol.
(4) Le han denunciado ese asunto a la policía.
(5) No se puede pasar por esta calle; es sentido único.

lección 12

1.

(1) El hecho de que Jaime me conozca (conocer) bien no quiere decir que él pueda criticarme cuanto quiera.
하이메가 나를 잘 안다는 사실이 그가 원하는 만큼 나를 비판할 수 있다는 것을 의미하지는 않는다.
(2) Sabía que no te gustaban los perros. Aunque no te gusten (gustar), vas a enamorarte de mi perro.
나는 네가 개를 좋아하지 않는다는 것을 알고 있었어. 네가 아무리 싫어하지 않더라도 나의 개는 사랑하게 될 거야.

⑶ Alejandra me ayudó mucho a terminar todas las tareas, de ahí que ahora me sienta (sentir) muy agradecido con ella. 알레한드라는 내가 모든 작업을 완료하도록 나를 많이 도와주었고 그래서 지금 나는 그녀에게 매우 고마움을 느끼고 있다.

⑷ El jefe ignoró totalmente el hecho de que todos sus empleados estaban / estuvieran(estuviesen) (estar) agotados en aquel entonces. 사장은 그의 모든 직원들이 그 당시에 지쳐 있었다는 사실을 완전히 무시했다.

⑸ Se ha aclarado el hecho de que ese candidato había hecho (hacer) trampas en las elecciones presidenciales. 그 후보자가 대통령 선거에서 부정행위를 저질렀다는 사실이 확실해졌다.

⑹ El meteorólogo dice que mañana no va a llover, pero aunque llueva (llover), no voy a cambiar el plan de viaje. 기상학자는 내일 비가 오지 않는다고 말하지만, 비가 만일 오더라도 나는 여행 계획을 변경하지 않을 거야.

⑺ Había mucho tráfico porque era la hora pico. De ahí que llegara (llegar, yo) tarde a la conferencia. 피크 타임이었기 때문에 교통량이 많았다. 그래서 나는 회의에 늦었다.

⑻ Pero quienquiera que fuera (ser), nunca nos hizo caso. 하지만 누구였든지 간에 우리들의 말을 전혀 귀담아듣지 않았다.

⑼ Lleva contigo tu móvil dondequiera que vayas (ir). 네가 어디를 가든 지 간에 휴대폰을 가지고 가라.

⑽ Cualesquiera que sean (ser) las razones, es evidente que me ha traicionado nuevamente. 이유가 무엇이든 그가 나를 또다시 배신한 것은 명백하다.

⑾ Cueste (costar) lo que cueste (costar) me lo voy a comprar en un par de días. 얼마가 들든지 간에 나는 한 이틀 안에 그것을 살 것이다.

⑿ Está un poco sorda, de ahí que no te oyera / oyese (oír) cuando llegaste. 그는 약간 귀가 먹었기 때문에 네가 도착한 것을 듣지 못했다.

⒀ Hay mucha niebla, de manera que algunas carreteras están (estar) cerradas. 안개가 많이 끼어서 일부 도로는 폐쇄된 상태이다.

⒁ Los soldados se negaron a disparar; por consiguiente, el general se enfadó (enfadarse) con ellos. 병사들은 총격을 거부했다. 그래서 장군은 그들에게 화가 났다.

⒂ El hecho de que José tenga (tener) una relación tóxica no quiere decir que no le guste su novia. 호세가 불건전한 관계를 가졌다는 사실이 그가 그의 여자친구를 좋아하지 않는다는 것을 의미하지는 않는다.

⑴ conozca   ⑵ gusten   ⑶ sienta
⑷ estaban / estuvieran(estuviesen)
⑸ había hecho   ⑹ llueva   ⑺ llegara
⑻ fuera   ⑼ vayas   ⑽ sean
⑾ Cueste, cueste   ⑿ oyera / oyese
⒀ están   ⒁ se enfadó   ⒂ tenga

2.

⑴ La paella estaba bonísima. 파에야는 매우 맛있다.
⑵ Ana y Jorge llegan tardísimos cada dos por tres. 아나와 호르헤는 자주 늦게 도착한다. [비문]
⑶ Las letras coreanas son facilísimas de aprender. 한글은 배우기 정말 쉽다. [비문]
⑷ Puedes tomar esa agua; es potable y limpísima. 너는 그 물을 마셔도 돼. 마실 수 있고 매우 깨끗한 물이야.
⑸ Este refresco está frísimo. 이 탄산음료는 매우 차갑다. [비문]
⑹ Fumaban y escupían humo despacios, pero despacísimos. 그들은 담배를 피우고 천천히 연기를 내뿜었다. 정말 천천히였다. [비문]
⑺ El fuertísimo aumento de los precios condujo una crisis económica en el país. 가격의 급격한 상승은 국가의 경제 위기를 이끌었다.
⑻ Un noblísimo apóstol me dijo que me sucedería algo bueno mañana. 매우 고귀한 사도가 나에게 내일 좋은 일이 일어날 거라고 말했다. [비문]
⑼ La habitación estaba vaciísima. 그 방은 완전히 비어있었다.
⑽ Todas las respuestas que le di eran ciertísimas. 그에게 내가 한 모든 대답이 매우 정확했다.

⑴ O
⑵ X, tardísimos → tardísimo
⑶ X, facilísimas → facilísimas   ⑷ O
⑸ X, frísimo → friísimo
⑹ X, despacios → despacio / despacísimos → despacísimo
⑺ O   ⑻ X, noblísimo → nobilísimo
⑼ O   ⑽ O

3.

⑴ Aunque la herida no era(fuera) tan grave(profunda), me dieron tres puntos.
⑵ El hecho de que Julio hubiera cambiado de colegio me pone triste.
⑶ Tenía muchas cosas que hacer, de ahí que pasara la noche en vela.

(4) Cualquiera que sea la razón, no se debe conducir borracho.
(5) No debes creer que a él le gusta ese trabajo por el hecho de que siempre ría en la oficina.

lección 13

1.

(1) Una vez reparadas el lavavajillas, avísame.
식기세척기가 수리되면 제게 알려주세요. [비문]
(2) Terminado el partido, fuimos de bar en bar.
경기가 끝나고 나서 우리는 이 바 저 바 돌아다녔다.
(3) Sintiéndose mal, ella no quería tomar esa clase particular.
그녀는 기분이 좋지 않아서 그 과외 수업을 듣고 싶지 않았다.
(4) Sido pobre, decidí comprar el coche que quería desde hacía mucho tiempo.
가난했지만 오랫동안 갖고 싶었던 차를 사기로 결정했다. [비문]
(5) Aun lloviendo mucho, nunca cambiaré mi plan.
비가 많이 오더라도 절대 내 계획을 바꾸지 않을 거야.
(6) Levantándote tarde, no podrás entrar a la sala de examen. 늦게 일어나면 너는 시험장에 들어가지 못할 거야.
(7) Destruyendo todas las cosas por el incendio, ellos quedaron atontados.
화재로 인해 모든 것들이 망가져서 그들은 망연자실했다. [비문]
(8) Solucionada ese problema, dieron exclamación de alegría.
그 문제가 해결되자 그들은 환호성을 질렀다. [비문]
(9) Los empleados hay que intentar poner fin al proyecto.
직원들은 프로젝트를 끝마치기 위해 노력해야 합니다. [비문]
(10) Siento tener que molestarlos a Uds.
당신들을 귀찮게 해드려 죄송합니다.

(1) X, reparadas → reparado (2) ○ (3) ○
(4) X, Sido → Siendo (5) ○ (6) ○
(7) X, Destruyendo → Destruidas
(8) X, Solucionada → Solucionado
(9) X, Los empleados 삭제
또는 hay que → tienen que (10) ○

2.

(1) Después de terminar las tareas, me arreglé para salir. 나는 숙제를 끝내고 나갈 준비를 했다.
→ Terminadas(Terminando) las tareas, me arreglé para salir.

(2) Cuando regresó el soldado casi muerto a casa, sus padres no pararon de llorar.
거의 죽을 뻔한 군인이 집으로 돌아왔을 때 그의 부모는 울음을 멈추지 않았다.
→ Regresando el soldado casi muerto, sus padres no pararon de llorar.
(3) Aunque sabía que él estaba mintiendo, no le dije ni una palabra. 나는 그가 거짓말하고 있다는 것을 알았음에도 그에게 아무 말도 하지 않았다.
→ Sabiendo que él estaba mintiendo, no le dije ni una palabra.
(4) Si estudias a destajo, conseguirás todo lo que quieras. 열심히 공부하면 네가 원하는 모든 것을 얻을 거야.
→ Estudiando a destajo, conseguirás todo lo que quieras.
(5) Como el edificio fue construido demasiado rápido, se plantearon cuestiones de seguridad.
건물이 너무 빨리 지어졌기 때문에 안전 문제가 제기되었다.
→ Construido el edificio demasiado rápido, se plantearon cuestiones de seguridad.

3.

(1) Una vez preparada la comida, te llamaré.
음식이 준비되면 네게 전화할게.
→ Cuando la comida esté preparada, te llamaré.
(2) Trabajando todos muy duro, Corea logró un notable crecimiento económico.
모두가 열심히 일했기 때문에 한국은 눈부신 경제 성장을 이룩했습니다.
→ Como todos trabajaron muy duro, Corea logró un notable crecimiento económico.
(3) Habiendo caminado muchas horas, vio una lucecita a lo lejos.
오랜 시간 걸은 후 그는 멀리서 작은 빛을 보았다.
→ Después de que había caminado muchas horas, vio una lucecita a lo lejos.
(4) Diciéndole el gerente palabras ofensivas, el trabajador estaba hasta las narices.
관리자가 근로자에게 모욕적인 언사를 했기 때문에 근로자는 더 이상 참을 수 없었다.
→ Debido a que el gerente le dijo palabras ofensivas, el trabajador estaba hasta las narices.
(5) Revelada la verdad, el agresor será castigado.
사실이 밝혀지면 가해자는 처벌받을 것이다.
→ Si se revela la verdad, el agresor será castigado.

4.

(1) No se debe pasar la luz roja del semáforo.
(2) Aun llegando a la hora citada, todavía no le creí.
(3) Regresando todos los niños sanos y salvos, todos derramaron lágrimas.
(4) Habiendo sido difundidas informaciones secretas a la prensa, los ciudadanos comenzaron a protestar en las calles.
(5) Llegando pasadas las diez, no voy a esperarte.

lección 14

1.

(1) Un chico este sigue mirándome desde hace una hora.
이 작자가 한 시간 전부터 나를 계속 쳐다보고 있어. [비문]
(2) Algún hombre ese me enseñó los dientes.
그놈의 어떤 남자가 나에게 협박을 했다. [비문]
(3) En la función aparece una actriz rubia.
공연에 금발의 여배우가 등장한다.
(4) ¿Quién será el verdadero ganador?
진정한 승자는 누가 될까?
(5) Eso no era un problema mero.
그것은 단순한 문제가 아니었다. [비문]
(6) Conocí a Julio hace 10 años; es mi viejo amigo.
나는 10년 전에 훌리오를 알게 됐고 그는 나의 오랜 친구다.
(7) Sara dejó a su marido porque se enteró de una supuesta amante.
사라는 정부(연인)로 추정되는 여자를 알게 되었기 때문에 그녀의 남편을 떠났다.
(8) La broma esa me hace gracia alguna.
그놈의 농담이 전혀 나를 즐겁게 하지 않아. [비문]
(9) La casa suya queda a cinco kilómetros de aquí.
그의 집은 여기에서 5km 떨어져 있다.
(10) Es el amigo mío que me iba a recoger en la estación de tren.
기차역에서 나를 픽업하려고 했던 사람은 내 친구야.

(1) X, Un chico este → El chico este
(2) X, Algún hombre ese → El hombre ese
(3) ○   (4) ○
(5) X, un problema mero → un mero problema
(6) ○   (7) ○
(8) X, me hace → no me hace
(9) ○   (10) ○

2.

(1) un día maravilloso / un maravilloso día
멋진 날 / 멋진 날
→ un día maravilloso / un maravilloso día
(2) una comida estupenda / una estupenda comida
최고의 음식 / 최고의 음식
→ una comida estupenda / una estupenda comida
(3) un amigo español / un español amigo
스페인 친구 / 스페인 친구 [비문]
→ un amigo español
(4) la copa mundial / la mundial copa
월드컵 / 월드컵 [비문]
→ la copa mundial
(5) mera coincidencia / coincidencia mera
단순한 우연 / 단순한 우연 [비문]
→ mera coincidencia
(6) un juez bueno / un buen juez
착한(훌륭한) 판사 / 훌륭한 판사
→ un juez bueno / un buen juez
(7) un chico madrileño / un madrileño chico
마드리드 출신 남자 / 마드리드 출신 남자 [비문]
→ un chico madrileño
(8) el choque cultural / el cultural choque
문화 충격 / 문화 충격 [비문]
→ el choque cultural
(9) una cena familiar / una familiar cena
가족 식사 / 가족 식사 [비문]
→ una cena familiar
(10) el centro deportivo / el deportivo centro.
스포츠 센터 / 스포츠 센터 [비문]
→ el centro deportivo

3.

(1) Esta Navidad no me han dado ningún regalo.
이번 크리스마스에 나에게 아무런 선물을 주지 않았다.
(나는 아무런 선물을 받지 못했다.)
→ Esta Navidad no me han dado regalo alguno.
(2) No tuve ninguna dificultad para hacer frente a esos problemas.
나는 그 문제를 대처하는 데 일말의 어려움이 없었다.
→ No tuve dificultad alguna para hacer frente a esos problemas.
(3) ¿Nunca has visto ningún teatro en tu vida?
너는 살면서 한 번도 극장을 본 적이 없니?

정답 1~15과 연습문제

→ ¿Nunca has visto teatro alguno en tu vida?

(4) No veo ninguna solución para esa situación tan grave.
나는 그런 심각한 상황에 대한 해결책이 전혀 보이지 않는다.
→ No veo solución alguna para esa situación tan grave.

(5) Es imposible viajar sin ningún dinero.
무일푼으로 여행하는 것은 불가능하다.
→ Es imposible viajar sin dinero alguno.

4.
(1) No tengo nada en común con el chico ese.
(2) Un amigo mío hizo todo lo posible pero no pudo ingresar a la universidad que quería.
(3) Pedro siempre estudia sin cesar para ser un buen profesor.
(4) La casa suya no se encuentra tan lejos de la mía.
(5) Él parece una persona sin esperanza alguna.

lección 15

1.
(1) Cecilia está buscando unos documentos que meter en el maletín. 세실리아는 서류 가방에 넣을 몇 가지 자료들을 찾고 있는 중이다.
(2) Necesito unos amigos, con quienes hablar de mi familia. 나는 나의 가족에 대해 이야기할 몇몇 친구들이 필요해. [비문]
(3) Finalmente he encontrado a una persona que ayudarme. 결국 나를 도와줄 사람을 찾았다. [비문]
(4) No tengo ropa que ponerme. 나는 입을 옷이 없다.
(5) Mi amiga hizo un collar que vender.
내 친구는 판매할 목걸이를 만들었다. [비문]
(6) No había ningún lugar donde dormir.
잘 곳이 아무 데도 없었다.
(7) Julio ama a una chica en quien confiar.
훌리오는 믿을 수 있는 여자를 사랑한다. [비문]
(8) Quiero un cuchillo con el que cortar el filete.
나는 스테이크를 자를 나이프가 필요해.
(9) A mí me quedan un montón de cosas que hacer.
나는 해야 할 일이 산더미처럼 많다.
(10) Todavía le quedan las preguntas que responder.
아직 그에게는 대답해야 할 그 질문들이 남아있다. [비문]

(1) O (2) X, coma 삭제
(3) X, que ayudarme → que me ayuda (4) O
(5) X, que vender → para vender (6) O
(7) X, ama a una chica → necesita una chica
(8) O (9) O (10) X, las → unas

2.
(1) Seguro que algunos/as de nosotros sabemos conducir. 분명 우리 중 몇 명은 운전을 할 줄 알 것이다.
(2) Lo siento; no conozco ninguna de las dos.
죄송합니다. 두 분 다 저는 모르는 사람입니다.
(3) La mitad de los miembros gritaron (gritar) enfadados. 멤버들의 절반이 화가 나서 소리를 쳤다.
(4) Una docena de los alumnos faltó/faltaron (faltar) a clase. 십여 명의 학생들이 수업에 결석했다.
(5) No tengo ningunos pantalones que ponerme para el festival. 나는 축제에 입을 바지가 아무것도 없다.

(1) algunos/as (2) ninguna
(3) gritaron (4) faltó/faltaron (5) ningunos

3.
[1] 축소사 사용
(1) mujer – mujercita
(2) café – cafecito / cafelito / cafetito
(3) Sara – Sarita
(4) pulgar – pulgarcito (cf. pulgarcita 엄지 공주)
(5) mañana – mañanita (6) joven – jovencito/a
(7) madre – madrecita

[2] 증대사 사용
(1) cuchara – cucharón 국자
(2) cuarenta – cuarentón(-ona) 40대 중반을 넘은 사람
(3) silla – sillón 팔걸이 있는 소파
(4) macho – machote (5) plato – platón
(6) puño – puñetazo 주먹질(펀치)
(7) padre – padrazo 자식에 대한 정성이 가득한 아버지

4.
(1) Estoy buscando un cuchillo con el que pelar la(una) manzana.
(2) Teníamos mucho que hacer pero ninguno/a de nosotros lo acabó.
(3) Como la mujerona bloqueó el camino, la gente la abucheaba.
(4) Como ha nevado mucho esta mañana, alguno de nosotros tenía(tuvo) que retirar la nieve.
(5) A la mayoría de los españoles les gusta la paella.